岡堂哲雄 監修
看護・介護・保育の心理学シリーズ 2

# 心理臨床的支援の方法
カウンセリングのすすめ

菅佐和子 編

新曜社

岡堂哲雄 監修
[看護・介護・保育の心理学シリーズ]
★印は既刊

### 第1巻　志賀令明 編
### 人間理解の心理学 —— 病者・クライエントと援助専門家

　病者・クライエントはもとより、看護師・介護福祉士〈援助専門家〉保育士を含めて、人間を理解するために必須の心理学基礎知識を読みやすく解説。

### ★第2巻　菅佐和子 編
### 心理臨床的支援の方法 —— カウンセリングのすすめ

　病者、高齢者や家族・子どもの心理を理解し、的確に支援するために必要な臨床心理の知識と方法を解説。

### 第3巻　村尾泰弘 編
### 人間関係の心理と支援 —— グループ・アプローチのすすめ

　病者、高齢者や家族・子どもとの関係、病院・診療所・保健所、介護福祉施設、保育所等での同僚や他の職種の人々との関係について、社会心理学・グループ・ダイナミックスの知見に準拠し解説。

### 第4巻　廣瀬清人 編
### 生活の質を高める教育と学習

　看護師、介護福祉士、保育士には、病者・高齢者や家族、子どもに、たとえば、ヘルシーな生活習慣の修得を支援するなど、教育的な介入が期待されている。この期待に添って、教授と学習に関する心理学的な理論と方法について実践的に解説。

## [看護・介護・保育の心理学シリーズ]
## 刊行にあたって

　人間は、生活の豊かさを求めて文明を進展させ、科学技術の急速な進歩により、物質的にはかなり恵まれた生活が営まれるようになった。しかし、複合的な環境破壊が急速に進み、順応力の弱い多くの種を瀕死の状態に追い込み、繁栄の基盤は揺らぎ始めている。

　注目すべきは、物質的経済的な豊かさの影で心の問題が深刻化し、学校に行きたがらない子ども、ふれあいを恐れてひきこもる若者、過食・拒食などの摂食障害、乳幼児を虐待する若いカップル、思春期の子どもを導けない親、アルコールや覚醒剤などの薬物依存、年間3万人を超える自殺者、だれにも看取られず孤独死する高齢者の漸増など無縁社会の到来と呼ばれている現象である。これらは、まさに人間性のクライシスを予感させる出来事である。

　人間にとって心の問題への取り組みは、容易ではなかった。過去3世紀を振り返ってみると、産業革命の進捗に随伴して貧困・伝染病等の諸問題が続発したのであるが、21世紀の今日ほど心の問題が複合的に噴出する時代はなかったように思われる。

　かつて、病人の世話、老人の介護や死にゆく人へのケアは身内や友人たちが受け持っていた。今日では医療福祉従事者が働きやすい人工的な環境（病院や施設）の中で病気の治療だけでなく、誕生も死もまた管理されている。入院による日常性の一時的喪失は、程度の差はあるが患者にストレスとなる。患者は病気の苦しみだけでなく、環境からのストレスにも対処しなければならない。

　医療保健の諸領域で活躍する看護師（ナース）には、患者のあるがままの気持ちを理解し、必須のニーズに的確に対処することが期待される。また、患者や家族の人々の心の問題を科学的に洞察できる能力と、問題解決を支援する技能が求められている。

介護福祉士もまた、要介護者と家族の心理を的確に把握しなければ、期待される成果はあげられないであろう。

働く若いカップルのために乳幼児保育所の増設が図られているが、保育所は子どもの保育だけでなく、その親の相談に対応したり、心のケアが求められるような事例に直面するようになってきている。

これらの要請に呼応し、この［看護・介護・保育の心理学シリーズ］は、次のように構成されることになった。

### 第1巻　人間理解の心理学 ── 病者・クライエントと援助専門家

病者・クライエントはもとより、看護師・介護福祉士〈援助専門家〉・保育士を含めて、人間を理解するために必須の心理学基礎知識を学ぶ。

### 第2巻　心理臨床的支援の方法 ── カウンセリングのすすめ

病者・高齢者や家族・子どもの心理を理解し、的確に支援するために必要な臨床心理の知識と方法を学ぶ。

### 第3巻　人間関係の心理と支援 ── グループ・アプローチのすすめ

病者・高齢者や家族・子どもとの関係、病院・診療所・保健所・介護福祉施設、保育所等での同僚や他の職種の人々との関係について、社会心理学、グループ・ダイナミックスの知見を学ぶ。

### 第4巻　生活の質を高める教育と学習

看護師・介護福祉士・保育士には、病者、高齢者や家族、子どもに、たとえば、ヘルシーな生活習慣の修得を支援するなど、教育的な介入が期待されている。この期待に沿って、教授と学習に関する心理学的な理論と方法について学ぶ。

看護師・介護福祉士・保育士の方々が心の問題についての知識と技能を修得できるように十分に配慮して、各巻の内容を構成しただけでなく、初心者の読者にも理解できるように記述を可能なかぎり平易にするよう努めている。本シリーズの執筆者は主として、看護・介護・保育領域の教育の一翼を担っている心理学研究者と、心理学の方法論に習熟した実践的研究者の方々である。

[看護・介護・保育の心理学シリーズ] 刊行にあたって

　本シリーズが病人や高齢者、要介護者、乳幼児とその家族の心の問題の理解に役立つとともに、専門職自身の自己洞察を支援する有力な媒体となることができれば、望外の喜びである。

2010 年弥生に
岡堂哲雄

# まえがき

　看護・介護・保育などヒューマン・ケアの仕事は、人間に深く関わる仕事です。そこでは、確かな知識・技術とともに、豊かな感情交流の能力が求められます。従来は、そのような対人交流の能力はその人の「人柄」や「経験」によって自然に磨かれるものと考えられがちでした。そのため、知識・技術の習得に比べて、今ひとつ方法論がはっきりしない面があったようです。

　もちろん、「人柄」や「経験」がきわめて大切であることは、言うまでもありません。しかし、それだけに頼るのではなく、心理臨床が積み上げてきたカウンセリングの知見を取り入れることで、感情交流の質を上げるためのポイントをつかんでいただければ、これに勝る幸いはないといえましょう。

　カウンセリングとは、言葉による感情の交流を通して、相手の心に望ましい変化が生じるのを促進する仕事です。言葉による交流が難しいケースでは、言葉以外のさまざまな媒体（遊び、描画、造形、音楽など）が用いられますが、感情の交流が重視されることは同じです。

　また、看護・介護・保育の分野では、身体へのケアが大きな比重を占めています。身体のケアを通して相手の心に深く働きかけることができるのも、これらの分野の大きな特徴です。そのような身体的ケアの効果をさらに高めるためにも、相手のニーズを汲み取り、その人に適した対応ができることが望まれます。

　従来、カウンセリングというと、どうしても精神科領域などに限定したイメージでとらえられてきました。しかし近年、心と身体との深い関連性が解明されるにつれて、もっと幅広く、あらゆるヒューマン・ケアの現場で、カウンセリングの必要性が痛感されるようになりました。カウンセリングは、あるがままの相手の感情表現に耳を傾けることから始まります。感情表現には、喜びや感謝などポジティブなものだけではなく、怒りや悲しみ、非難・

攻撃など、いわゆるネガティブなものが含まれることも多いのです。それらに耳を傾け、理解し、受け容れることは、大変な忍耐と努力を必要とします。ひたすら自分の感情を押し殺して相手の感情を受け容れようとするだけでは、いずれ我慢の限界に達して、関係は行き詰ってしまいます。相手の感情を受け容れ、尊重することが、専門家としての自分にとって喜びとなり、確かな心の糧になるには、何が大切でしょうか。これは、簡単に答えの出る問いではなく、ヒューマン・ケアの仕事に通底する重要な課題であるといえましょう。

　本書は、ヒューマン・ケアの仕事を志す方々に、心理的援助の重要な方法としてのカウンセリングへの理解を深めていただく目的で編集いたしました。概論の後に、看護場面を中心に、さまざまなケアの現場でなじみ深い例を取り上げ、カウンセリングをどのように進めていくか、具体的に分かりやすく解説するよう試みました。

　例として取り上げたケースは、いうまでもなく、実在の個人をそのまま描写したものではなく、多くのケースの共通点を抜き出し、ひとつの架空事例としてフィクション化したものです。そのため、読者の周囲によく似た個人がおられたとしても、それは、偶然の一致に過ぎないことを、あらかじめ明記しておきたいと思います。

　また、臨床現場で見出されたテーマを研究につなぎ、考察を深めることも忘れてはならないことです。そのための方法論の基礎も、本書の中に組み込みました。臨床研究を通して得られた知見を、再び現場に役立てる一助となればと願っております。

　末尾ながら、長年に亘るヒューマン・ケア心理学の指導者であり、本シリーズを企画された岡堂哲雄先生と、御懇切なお世話をいただいた新曜社社長・塩浦暲様に、深甚の謝意を捧げます。

2010年2月　立春の頃に<br>
編者・菅　佐和子

# 目次

［看護・介護・保育の心理学シリーズ］刊行にあたって　i
まえがき　v

## 第1章　対人援助に必要なカウンセリングの「こころ」──1
### 1　人間のこころが求めるもの　1
　(1)　共感とは何か　2
　(2)　共感を示す応答のコツ　3
### 2　共感を示す応答はどれだろう？──レッツ エクササイズ！　6
　(1)　大学1年生・B君の事例　6
　(2)　治療の見通しに不安をもつ患者・Cさんの事例　7
　(3)　認知症の実母を施設に入居させた家族・Dさんの事例　8
### 3　相手にとって役に立つ応答とは　10
【レポート課題】　11
【参考書】　11

## 第2章　さまざまなカウンセリングの理論・技法──13
### 1　はじめに　13
### 2　人間主義的心理学に基づくカウンセリング　14
　(1)　来談者中心療法　14
　(2)　フォーカシング　15
　(3)　トランスパーソナル・セラピー　16
### 3　無意識を重視するカウンセリング　17
　(1)　精神分析　17
　(2)　分析心理学（ユング派）　19
### 4　行動療法　20
　(1)　新行動S-R理論　22
　(2)　応用行動分析モデル　22
　(3)　社会学習理論　22
　(4)　認知（行動）療法　22

【レポート課題】　　　　　　　　　　　　　　　23
　　　【参考書】　　　　　　　　　　　　　　　　　23

## 第3章　発達障害の理解とカウンセリング ────── 25
　1　はじめに　　　　　　　　　　　　　　　　　　25
　2　発達障害とは　　　　　　　　　　　　　　　　27
　　　(1) 軽度発達障害について　　　　　　　　　　28
　　　(2) 発達障害はどれくらいあるのか？　　　　　28
　　　(3) 発達障害かどうかを，どう判断するか？　　30
　3　発達障害のカウンセリングのポイント　　　　　31
　　　(1) 「肯定的体験」としてのカウンセリング　　31
　　　(2) 内的世界の推測と共感的理解　　　　　　　32
　　　(3) 実行可能性の高い具体的な提案　　　　　　33
　4　保護者へのカウンセリング　　　　　　　　　　34
　　　(1) 障害児をもつ親が抱えるストレス　　　　　34
　　　(2) 障害受容について　　　　　　　　　　　　36
　5　おわりに　　　　　　　　　　　　　　　　　　37
　　　【レポート課題】　　　　　　　　　　　　　　37
　　　【参考書】　　　　　　　　　　　　　　　　　37

## 第4章　精神科看護とカウンセリング ────── 39
　1　はじめに　　　　　　　　　　　　　　　　　　39
　2　精神科におけるチーム医療 ── 看護師の役割　40
　3　病理水準別のこころの構造　　　　　　　　　　42
　4　病理水準に合わせたかかわり方　　　　　　　　44
　　　(1) 精神病水準の患者へのかかわり方　　　　　44
　　　(2) 人格障害水準の患者へのかかわり方　　　　46
　　　(3) 神経症水準の患者へのかかわり方　　　　　49
　5　おわりに　　　　　　　　　　　　　　　　　　50
　　　【レポート課題】　　　　　　　　　　　　　　51
　　　【参考書】　　　　　　　　　　　　　　　　　51

## 第5章　児童・思春期心身症の看護とカウンセリング ── 53
　1　はじめに　　　　　　　　　　　　　　　　　　53

## 目次

 2 Aさんの事例 54
 3 事例の理解 57
  (1) 子どもの心身症 58
  (2) 過敏性腸症候群について 58
  (3) 心理社会的要因の関与の見極め 59
 4 対応のポイント 60
  (1) 初回面接の重要性 60
  (2) 面接のすすめかた 61
  (3) 環境調整 62
  (4) 思春期心性への配慮 62
 5 Aさんのその後と、カウンセリングで目標にしてきたこと 64
 【レポート課題】 65
 【参考書】 65

### 第6章　慢性疾患（糖尿病）看護とカウンセリング ── 67
 1 はじめに 67
 2 医療モデルと成長モデル 68
  (1) 医療モデルに従ったアプローチ 68
  (2) 成長モデルに従ったアプローチ 70
 3 エンパワーメント・アプローチ 71
  (1) エンパワーメント・アプローチの実際 71
  (2) エンパワーメント・アプローチによるカウンセリング 74
 4 おわりに 77
 【レポート課題】 78
 【参考書】 78

### 第7章　失語・失行・失認（脳器質性疾患）の看護・介護とカウンセリング ── 79
 1 はじめに 79
 2 ブローカ失語と口腔顔面失行・観念失行・構成失行の患者 81
 3 カウンセリングの経過 82
 【レポート課題】 88
 【参考書】 88

## 第8章 妊娠・出産とカウンセリング ─────────── 89
1. はじめに 89
2. 母親の心理 90
   (1) 母親の心理の特殊性 90
   (2) 産後の心理 91
3. 産後に注意すべき精神症状（不眠・うつ・強迫症状） 91
4. さまざまな心理的危機 93
   (1) 赤ちゃんの入院 93
   (2) 赤ちゃんが早く・小さく生まれた場合 93
   (3) 赤ちゃんの障害 94
   (4) 赤ちゃんの死をどう受け止めるか 95
   (5) 赤ちゃんの死をどうこころにおさめるか 95
5. 妊娠・出産とカウンセリング 96
   【レポート課題】 97
   【参考書】 97

## 第9章 HIV看護とカウンセリング ─────────── 99
1. はじめに 99
2. HIV感染症／エイズ患者の事例 100
3. 援助的な質問とは 100
   (1) セクシュアリティの多様さ 100
   (2) 開かれた質問 101
   (3) 援助的なコミュニケーション・スキルのチェック 101
   (4) 自分の価値観・感に気づく 102
4. HIV感染症の苦悩 103
   (1) HIV感染症は「関係」に生じる苦悩である 103
   (2) HIV感染症は「ライフ（life：生命・生活・人生）」のあらゆる側面に影響を与える 103
5. 想定しうる難問発生状況 104
   (1) 伝える／伝えない 104
   (2) 服薬アドヒアランス 104
   (3) 保健行動 105
   (4) 物質関連障害（物質乱用など） 106
   (5) 人間関係や性行為 106
   (6) 心理状態 107

6　臨床心理士との連携　　108
　　　　(1) 臨床心理士やカウンセラーに相談を持ちかけるときに　108
　　　　(2) 相談を持ちかけたあとで　109
　　7　おわりに　　109
　　【レポート課題】　110
　　【参考書】　110

## 第10章　高齢者看護・介護とカウンセリング ── 認知症を中心に ── 111
　　1　はじめに　　111
　　2　ある認知症の事例　　112
　　3　カウンセリングの経過　　113
　　4　おわりに　　121
　　【レポート課題】　122
　　【参考書】　122

## 第11章　ターミナルケアの場での看護・介護とカウンセリング ── 123
　　1　はじめに　　123
　　2　患者さんのこころを聴く　　124
　　　　(1) 必ず来る終わり　125
　　　　(2) 死への意識　126
　　　　(3) Aさんの場合　127
　　3　家族のこころを聴く　　129
　　4　おわりに ── こころを聴く側に問われるもの　　131
　　【レポート課題】　132
　　【参考書】　132

## 第12章　家族を支える看護カウンセリング ── 共倒れ・虐待を防ぐために
　　──── 133
　　1　はじめに　　133
　　2　義母の介護に疲れた主婦　　134
　　　　(1) Kさんの事例　134
　　　　(2) 解説　138
　　3　病弱な子どもを抱える若い母親　　140
　　　　(1) Rさんの事例　140

(2) 解説　　　　　　　　　　　　　　　　　　　143
　　【レポート課題】　　　　　　　　　　　　　　　　144
　　【参考書】　　　　　　　　　　　　　　　　　　　144

## 第13章　福祉に生かすカウンセリング ──────── 145
　1　一般的なイメージのカウンセリングと、福祉現場における
　　　カウンセリング　　　　　　　　　　　　　　　145
　2　施設生活に適応できない障害者支援施設入所者への
　　　カウンセリング　　　　　　　　　　　　　　　147
　　　(1) A子さんの事例　　　　　　　　　　　　　147
　　　(2) A子さんのカウンセリングのポイント　　　150
　3　退院後の不安をもつ患者へのカウンセリング　　151
　　　(1) Sさんの事例　　　　　　　　　　　　　　151
　　　(2) Sさんのカウンセリングのポイント　　　　154
　4　おわりに　　　　　　　　　　　　　　　　　　155
　　【レポート課題】　　　　　　　　　　　　　　　　157
　　【参考書】　　　　　　　　　　　　　　　　　　　157

## 第14章　現場のテーマを研究へつなぐ ──────── 159
　1　実践から研究へ ── 心理学研究とは何か　　　159
　　　(1) 知識の源　　　　　　　　　　　　　　　　159
　　　(2) 実践研究のすすめ　　　　　　　　　　　　160
　2　探求への出発点 ── 研究スタイルの違い　　　160
　　　(1) 量的研究と質的研究　　　　　　　　　　　161
　　　(2) 統計的研究と事例研究　　　　　　　　　　161
　　　(3) 仮説検証的研究と探索的研究　　　　　　　162
　　　(4) 縦断的研究と横断的研究　　　　　　　　　163
　3　いかに探求するか ── 研究方法の違い　　　　164
　　　(1) 観察法　　　　　　　　　　　　　　　　　164
　　　(2) 面接法　　　　　　　　　　　　　　　　　165
　　　(3) 調査法　　　　　　　　　　　　　　　　　165
　　　(4) 実験法　　　　　　　　　　　　　　　　　166
　4　心理測定の基礎 ── 信頼性と妥当性　　　　　167
　　　(1) 信頼性　　　　　　　　　　　　　　　　　167
　　　(2) 妥当性　　　　　　　　　　　　　　　　　168

【レポート課題】　169
　　　【参考書】　169

## 第15章　研究方法の基礎を学ぶ ———————————— 171
　　1　心理測定の実際 —— 性格検査を通して　171
　　　（1）質問紙法　171
　　　（2）作業検査法　172
　　　（3）投映法　173
　　2　心理統計の基礎 —— 測定の尺度水準　173
　　　（1）比例尺度　174
　　　（2）間隔尺度　174
　　　（3）順序尺度　175
　　　（4）名義尺度　175
　　3　心理統計の実際 1 —— 似たものを探す　176
　　　（1）相関　176
　　　（2）相関係数　177
　　4　心理統計の実際 2 —— 違いを見つける　178
　　　（1）検定の原理　178
　　　（2）検定の方法　180
　　　【レポート課題】　181
　　　【参考書】　181

文　献　183
人名索引　189
事項索引　190


装幀＝虎尾　隆

# 第1章
## 対人援助に必要なカウンセリングの「こころ」

### 1 人間のこころが求めるもの

　どのように高度な機械文明が発達しようとも、生き物である人間はそれだけではこころが満たされない。人間が求めるのは、いつの時代でも人間同士の"こころの触れ合い"ではないだろうか。他者から自分の気持ちが理解され、尊重され、快い感情交流ができると、こころは潤い、元気が出てくるものである。それは、生きるエネルギーの源といっても過言ではない。そのようなこころの交流を提供する仕事は**肉体労働**や**頭脳労働**とは趣の異なるものであり、**感情労働**と呼ばれている。

　重要な対人援助職である看護・保育・介護の仕事は、いずれも生身の人間のこころに深くかかわるものであり、感情労働の要素を多く含むものである。

　これらの職域で良き専門家になるためには、その専門性の基盤となる知識・技術の習得はもとより、感情労働を行うための修練が不可欠である。対象者の気持ちを適切に汲み取り、それに応じた対応ができなければならない。そのためには、自分自身のナマの感情をそのまま出すのではなく、それをいったん抑え、相手にとって望ましい感情に置き換えていく努力が求められる。しかも、それを、単に「本音を抑えて仕事用の役割仮面をつけること」と捉えてしまうと、いたずらに自分に無理を強いることになりかねない。しかも、相手からも、「こころのこもらない、上辺だけのサービス」と見破られてし

まうかもしれない。

## (1) 共感とは何か

そうならないためには、まず、自分の**共感**能力を豊かにする必要がある。共感能力とは、自分とは異なる他者の気持ちを想像できる能力のことである。これは**同感**と同じではない。"同感"というのは、相手の気持ちと同じ気持ちを抱くことである。同感は、できるときもあればできないときもある。できないのにできたふりをすることは偽りであり、決して望ましいことではないといえよう。

それに対して、共感は、たとえ同感はできなくても「相手はこのように感じているのだな」と、相手の気持ちを察することである。これは、簡単なようで、実のところなかなか難しいことである。自分の感性や価値観だけがすべてであると思い込んでいると、それから外れた他者の気持ちは、なかなか想像できず、理解できないであろう。世の中には、自分の感性や価値観を絶対的なものとして、お互いに歩み寄ることなく平行線をたどり、不毛な対立を続けるような会話が多く見られる。自分の感性や価値観は、自分にとっては絶対的なものであっても、他者には他者の感性や価値観があるということを、まず認識する必要があるといえよう。

もちろん、人間は自分のこころさえ完全に理解できるものではない。自分でも思いがけない感情が湧いてくることもあれば、予想外の行動をとってしまうこともある。だから、他者の気持ちに完全に共感できるなどとは思わないほうがよい。完全を求めるのではなく、少しでもより深く共感できることをめざしたいものである。

そのためには、日常生活においてどのような工夫が望まれるだろうか？ひとつには、人間の気持ちが生き生きと描かれた小説やマンガ、映画などの作品に触れ、登場人物の心理をあれこれ想像してみることである。また、他者との会話を大切にし、それを味わうことである。表面的には和やかさを装いつつ、一皮むけば競争心でピリピリしているような会話では、こころの触

第1章 対人援助に必要なカウンセリングの「こころ」

れ合いを楽しんだことにはならないであろう。

　そして、次に忘れてはならないのは、その共感を相手に**フィードバック（伝え返し）**することである。たとえどのように深く共感したとしても、それが相手に伝わらなければ、何にもならない。時々、「相手の気持ちはよく伝わってきたが、胸がいっぱいになってしまい、何も言えなかった。すると相手は寂しそうに去って行った」というような話を耳にする。そうならないために、ことば、表情、態度などを通して、適切なフィードバックができるよう、修練を積んでおきたいものである。

### (2) 共感を示す応答のコツ

　では、ここで、"共感"的理解を示す応答とそうでない応答の例をあげてみよう。

　【応答1】思春期（中学2年生）のA子さんとの会話
　　A子「お父さんもお母さんも、妹ばかり可愛がっている。私には、成績のことをうるさく言うのに、妹にはすごく甘いの。やっぱり、私は可愛くない子なんだ。私なんか、生まれてこなければよかったのかもしれない。」
　　聴き手「あら、そんなことないわよ。親はどの子も同じように可愛いもの

よ。あなたの考え方は、間違っているわ。」

　これは、よくある応答である。聴き手は、「自分は妹に比べて、親に可愛がられていない子である」というＡ子さんの**否定的な自己感情**を改めさせようとしている。聴き手の判断の根拠になっているのは、「親はどの子も同じように可愛いものである」という**常識（社会通念）**である。それは、一般的には妥当かもしれないが、現在のＡ子さんの**実感**からはかけ離れているようである。常識を教えられたところで、Ａ子さんの悩みが解消するとは思えない。それだけでなく、「この人は、私の気持ちをわかってくれそうにない。話をしても無駄だ」と、こころを閉ざしてしまうかもしれない。
　それでは、次のような応答はどうであろうか？

　　【応答２】思春期（中学２年生）のＡ子さんとの会話
　　　Ａ子「お父さんもお母さんも、妹ばかり可愛がっている。私には、成績のことをうるさく言うのに、妹にはすごく甘いの。やっぱり、私は可愛くない子なんだ。私なんか、生まれてこなければよかったのかもしれない。」
　　　聴き手「ふーん、そうなんだ。あなたは親に可愛がられていないんだね。それは、本当につらいよね……なんて可哀そうなんでしょう。」

　この応答は、Ａ子さんの言うことをそのまま受け容れ、それを事実として認めている。そして、「つらいよね」「可哀そう」と、惜しみなく**同情**の気持ちを表現している。
　このような応答をされたＡ子さんは、どのように感じるだろうか？　たしかに、Ａ子さんは、自分の口から、自分は親にとって可愛くない子であると述べている。しかし、その背後には、「そう感じざるを得ないことが、とてもつらい」との思いが、潜んでいることが多いのである。自分が親から受け容れられていないということを、心底から認められるような子どもは、まずいないのではないか。ことばではそう言いながら、どこかで、そうではないことを願っているはずである。そのような複雑な思いを汲み取ってもらえず、

ことばに出したことだけを鵜呑みにされてしまうと、どこにも救いがないような気分になるかもしれない。それは、傷口に塩を塗られるようなものである。

否定的な自己感情が語られるときには、その背後に、たとえ**無意識**のうちにも、そこからの脱却が希求されていることが多いことを、念頭に置いておきたい。

では、否定的な自己感情を封じ込めるのでもなく、断定してしまうのでもなく、あるがままに受け止めながら、いずれは光の見える方向へ進んでいく可能性のある応答とは、どのようなものであろうか。

【応答3】思春期（中学2年生）のA子さんとの会話
A子「お父さんもお母さんも、妹ばかり可愛がっている。私には、成績のことをうるさく言うのに、妹にはすごく甘いの。やっぱり、私は可愛くない子なんだ。私なんか、生まれてこなければよかったのかもしれない。」
聴き手「お父さんやお母さんの態度から、自分なんか生まれてこなければよかったのかもしれない、と感じているのね。そう感じることって、すごく大変だよね。つらいと思うよ。もし、差し支えなかったら、どうしてそんなふうに感じたのか、具体的に聞かせてくれないかしら？」

応答2と3の応答は、一見似ているようであるが、微妙に異なっている。それは、応答2では、A子の話をそのまま**事実**として受け止めているが、応答3では、あくまでもA子の**心理的事実**として受け止めているところである。心理的事実とは、相手の**主観**であって、**客観的事実**とイコールではない。「今はそのように感じている」にしても、将来、それが変化することは十分にありえる。そのため、聴き手は、あくまでも**相手の主観であることを明確にしながら、その気持ちを共感的に理解**していくことが望まれるのである。

## 2 共感を示す応答はどれだろう？ ── レッツ エクササイズ！

　上記の例を参考に、次にあげる応答のうちから、共感的理解を込めた応答を選んで○を付けてください。

### (1) 大学1年生・B君の事例

　「高校の先生にすすめられてこの大学に入学したけれど、授業にさっぱり興味がもてず、こんなはずではなかったとガッカリです。3ヵ月経ったけれど、中退して、来年受験をやり直そうかと迷っています。」

【応答】
　聴き手① 「3ヵ月ぐらいで決めるのは、早すぎます。もう少し勉強を続けたら、きっと面白くなってきますよ。とにかく勉強に打ち込んでみましょう。」
　聴き手② 「高校の先生が、あなたの適性を見極めずに進路指導をされたのですね。それはひどい話ですね。中退してやり直したほうがいいと思いますよ。」
　聴き手③ 「せっかく入学したのに、授業にさっぱり興味がもてず、進路変更を考えて迷っているのですね。あなたの期待と大きく違ったのは、たとえばどのようなところでしょうか？」

【解説】
　① は、B君の気持ちを共感的に理解するのではなく、聴き手の意見に基づいたアドバイスをしている。聴き手の意見は常識的なものであり、不適切なアドバイスというわけではないが、B君の悩みに耳を傾けることなく封じ込めているため、共感的な応答とはいえない。

②は、逆に、「中退してやり直す」という方向に背中を押している。どのような経緯があったにせよ、せっかく入学した学校をやめることは、それなりのリスクを伴うことであり、軽々しく決められることではない。本人が迷いの最中にあるとき、ある方向に向けて性急に背中を押すことは、決して望ましいことではない。あとになって後悔するのは本人であり、相談相手が責任をとることはできないからである。決断は、あくまでも熟慮の上で本人がなすべきことである。何よりも、これは「迷っている気持ち」そのものを共感的に理解しようとした応答とはいえない。

③は、B君の迷う気持ちに共感を示した上で、その気持ちについて具体的に聴いていこうとしている。具体的に語っていくなかで、B君の気持ちが少しずつ整理され、何らかの自己決定につながっていくことが期待できよう。

（望ましい応答例：③）

## (2) 治療の見通しに不安をもつ患者・Cさんの事例

「入院したら病気がよくなると信じて入院したのですが、毎日、検査、検査の連続でもう疲れてしまいました。こんなに検査漬けにされるのは、私の病気が難しくて、もう助からないからかもしれないと思うと、とても不安です。どうせ助からないのなら、もう退院して家に帰りたいんです。」

【応答】

**聴き手①**「検査をするのは、正確な診断をして、適切な治療方針を立てるためですよ。入院後は誰でも検査が多いのです。今、退院したら何のために入院したのかわからないじゃありませんか。頑張って検査を受けましょうね。」

**聴き手②**「入院したのに治療が始まらず、検査ばかりが続いて不安になられたのですね。でも主治医は、いちばん効果の高い治療法を見出すために、慎重に検査を重ねているのですよ。『もう助からないから』なんて、ありえません。もし、主治医にお聞きになりたいことがあれば、仲介し

ますので、遠慮なく仰ってくださいね。」
　　聴き手③「入院したのに治療が始まらず、検査ばかりなので不安になられたのですね。お気持ちはよくわかります。検査漬けにされるのは、誰でもイヤですよね。一度、そのお気持ちを主治医にぶつけてみてはいかがですか？」

## 【解説】

　①は、「正論」を述べてＣさんの不安を封じ込めようとしている。Ｃさんの気持ちに対する共感が示されているとはいえない。
　③は、Ｃさんの不安な気持ちに対する共感はよく示されている。しかし、その気持ちを直接に主治医にぶつけるようにすすめるだけで、Ｃさんを不安のまま突き放してしまっている。そもそもＣさんは、主治医に直接質問できないので悩んでいるのではないだろうか。
　②は、Ｃさんの不安な気持ちに共感を示しながら、その不安の過剰な部分については、きちんと説明を加えることで、軽減をはかっている。そして、必要があれば、主治医との仲介役を務める用意があることを伝え、安心感を高めるよう配慮している。
　（望ましい応答例：②）

### (3) 認知症の実母を施設に入居させた家族・Ｄさんの事例

　「認知症の実母の在宅介護を３年続けましたが、夜間徘徊や排便の始末に疲れ果て、このままでは共倒れになるので、思い切って施設に入所させました。
　でも、面会に行くたびに、実母は『家に帰りたい。連れて帰って』と泣くんです。なんだか、自分が鬼のような気がして、自責感にさいなまれています。やっぱり、家に連れて帰って、在宅介護をしたほうがいいのでしょうか。」

【応答】
　　聴き手①「必要に迫られてお母様を施設に入所させたものの、自責感にさいなまれておられるのですね。ご自分の生活を守るか、お母様の希望を

優先するか、選択に迷われるお気持ち、お察しいたします……多くの方が、同じような悩みを抱えて揺れておられるのが現状です。おひとりで悩まず、一度、『家族会』に出て見られませんか？」

　**聴き手 ②**「お年寄りは、皆、『住み慣れた自宅に戻りたい』と言われるものですが、ご家族は、現実をよく見つめてください。これ以上、在宅介護を続けてＤさんが過労とストレスで倒れたら、一体どうなりますか？感傷に流されず、冷静にものごとを判断してくださいね。」

　**聴き手 ③**「必要に迫られてお母様を施設に入所させたものの、自責感にさいなまれておられるのですね。ご自分の生活を守るか、お母様の希望を優先するか、選択に迷われるお気持ち、お察しいたします……自分のこころに悔いを残さないように、できるところまでベストを尽くされるのが大切かもしれませんね。」


【解説】

　②は、在宅介護の現実を熟知した立場から、妥当なアドバイスを行っている。ただ、Ｄさんの"肉親の情"は、「頭では理解できても、こころでは割り切れない」ものだと思われるので、アドバイスを受け容れられるとは限らない。アドバイスをする前に、アドバイスを受け容れられるような"こころの地ならし"が必要といえよう。

　③は、Ｄさんの気持ちに共感を示している。ただ、共感するあまりか、現実には厳しい道を選ぶように背中を押すことになっている。もしＤさんが、背中を押されて在宅介護を再開し、共倒れのような形になった場合は、どうなるのだろうか。相手の感情に共感しつつも、生活の現実をも見据えた応答が望まれるところである。

　①は、Ｄさんの揺れる気持ちに共感を示しつつ、結論を急ぐのではなく、Ｄさんがもっと視野を広げて考えることができるように配慮している。同じような状況にあり、同じような悩みをもつ他の家族との交流が、Ｄさんの役に立つことが期待されよう。

　（望ましい応答例：①）

## 3　相手にとって役に立つ応答とは

　ここまで、対人援助の場で不可欠な**共感**について、具体的な応答のコツを学んできた。もちろん、ここにあげた応答例だけが正しいとか、望ましいと言っているわけではない。適切な応答とは、会話する人と人との間の**関係性**のなかから生まれてくるものであり、いつでも、どこでも、同じパターンが通用するものではないことを、こころに留めておいていただきたい。
　ただ、相手の気持ちに**共感**できるかどうか、それを相手に**フィードバック**する（**伝え返す**）ことができるかどうかは、対人援助の原点となることである。もし、相手の依頼を断らなければならない場合でも、頭から拒否するのと、相手の依頼に共感的な理解を示した上で、情理を尽くして断るのとでは、相手の気持ちには大きな違いが出るであろう。また、相手の意見と対立する意見を述べる場合にも、まず、相手の意見に対する共感的理解を示した上で自分の意見を述べれば、相手にもこちらの意見が伝わりやすいのではないだろうか。
　もちろん、対人援助の現場では、共感的理解だけですべてが解決するわけではない。**情報提供**、**助言・指導**、**説得**などが必要なことも多い。その場合も、常に、受け止める側の**こころの容量**を推し量りながら、話を進めることが大切である。
　もし、正しい助言を繰り返しても相手が聞き入れてくれないときは、いったん立ち止まって、「なぜだろう？」と考えてみることが望まれる。相手によっては、自分の利益につながる助言であっても聞き入れられない、矛盾に満ちた**こころの状況**を抱えていることもあるからである。そのような場合は、ただ助言を繰り返すのではなく、相手の**こころの状況**を共感的に理解する努力が必要となるのである。
　このような共感的理解の能力を磨くためには、上に述べた日常生活での工夫の次の段階として、臨床経験を積むことが不可欠である。臨床経験のなか

で見つかった課題をもとに、経験豊富な先達から**スーパービジョン**を受けることが、きわめて大切である。


【レポート課題】
1．「感情労働」の特徴を簡潔に述べなさい。
2．応答において、なぜ「共感的理解」が大切なのか、各自で具体例を想定し、それをもとに説明しなさい。

【参考書】
河合隼雄（1985）『カウンセリングを語る』上下，創元社
川野雅資（編）（2003）『実践に生かす看護コミュニケーション』学習研究社

# 第2章
# さまざまなカウンセリングの理論・技法

## 1　はじめに

　人と人とのコミュニケーションを通して、相手のこころを癒やし、考えを整理し、生きるエネルギーや成長への意欲などを呼び覚ますのがカウンセリングの究極の目的である。そのような目的に向かって進むには、どのような理論・技法が有益であろうか。これは、重要な課題である。しかし、どのような理論・技法に則るにせよ、常に、人間の尊厳に対する畏敬の念を忘れてはならないのである。

　本章では、対人援助の現場で用いられる、さまざまな心理的援助の理論・技法について、体系的に理解することを目的とする。一通りの知識を身につけた上で、自分がもっともこころを惹かれるものを選んで学びを深めていただきたい。また、1つの理論・技法のみにこだわるのではなく、必要に応じてそれらを組み合わせて用いる工夫も、多様なケースに出会う現場においては忘れてはならないことであろう。特に技法に関しては、自分の選んだ技法に合うようにすべての人間が存在しているわけではない。生身の人間に合わせて適切な技法を選ぶという、柔軟性が求められるのである。

　それでは、主要な理論・技法の体系について、簡潔に述べていきたい。頭の中に"地図"を作る一助になれば幸いである。ただし、紙数の制限もあり、ここではすべてを網羅しているわけではない。なお、**カウンセリング**という用語と**心理療法（サイコセラピー）**という用語は、一般に厳密な区別なく用

いられていることが多い。そのような場合、あまり気にせずに読み進めることをお勧めしたい。

## 2　人間主義的心理学に基づくカウンセリング

アメリカにおいては、**ロジャーズ**（Rogers, C. R.）や**マズロー**（Maslow, A. H.）らによって代表される**人間主義的心理学**に基づくカウンセリングは、1950年代まで主流を占めていた精神分析と行動療法に対する批判から生じた第三勢力であった。ところが、わが国においては、第二次世界大戦後にいち早く輸入され、その清新さと取りつきやすさから医師以外の人びとに爆発的に広がったのは、こちらが先であった。そもそも、カウンセリング、カウンセラーということばも、ここから始まったといってよい。

### (1) 来談者中心療法

われわれが身につけておくべきカウンセリングの**基本理念**（**カウンセリングマインド**）が、アメリカの心理学者ロジャーズによって提唱された、①**無条件の積極的関心**、②**共感的理解**、③**自己一致**（**誠実さ、嘘がないこと**）という三原則である。

ロジャーズは、人間には本来、**自己実現**の傾向が備わっていると信じ、この三原則がそれを活性化するためのカウンセラー側の条件であると考えた。カウンセラーが高みに立ってクライアントを導くのではなく、クライアントの話をひたすら**傾聴**（**リスニング**）し、その自己成長力をどこまでも尊重するのである。「聞くだけなら誰でもできる」と思うかもしれないが、人の話にこころを込めて耳を傾けることは、実は、話をすることよりはるかに集中力やエネルギーを要することである。ただ漠然と聞き流して適当に相槌を打っていればよいというものではない。「聴く」と「聞く」という漢字の意味の違いに敏感でありたいものである。

このロジャーズの面接法が、**来談者中心療法**と呼ばれるものであり、わが国においては、カウンセリングといえば即ちこの来談者中心療法を意味するほど広く流布し、社会に定着したのである。アメリカにおいてはアンチテーゼとして出発したものが、わが国においては、最初からテーゼとされたわけである。

そのような時代がしばらく続いた。しかし、こころの病理の深いケースなどが多くなるにつれて、その限界も感じられるようになった。そして、それに代わって、**無意識**の存在を重視する**精神分析**、学習理論に基づく**行動療法**などが盛んになったのである。これは、アメリカにおける歴史とは逆の流れである。しかし最近、この学派が再評価され、改めて注目される機運が生じている。

音楽やファッションを見ても明らかなように、どのような分野においても、トレンドというものがある。ある時期、ある流派が隆盛を極め、やがては下火になり、時が経つとまた復活してくる、という大きなうねりが存在するように思われる。ただ、人間のこころが必要とするものは、時代を超えて必ず残っていくのではないか。目先のトレンドに左右されず、自分のこころの琴線に触れるものを大切にする姿勢を保ちたいものである。自分がこころから関心を惹かれるものでなければ、学びは深まらないといえよう。

(2) フォーカシング

ロジャーズの来談者中心療法を受け継いだ**ジェンドリン**（Gendlin, E. T.）は、人と人との間で絶えず生起し、"からだ"を通して感じられる感情の過程を重視し、**体験過程理論**を樹立した。彼は、面接のなかでクライアントに生じる"ことばにならない感覚"を**フェルトセンス**と名付け、その表出に注意を向けて傾聴することで、クライアントの言語化が進み、自己理解が深まることを見出した。この技法が、**フォーカシング**と呼ばれるものである。

### (3) トランスパーソナル・セラピー

**マズロー**は、理想的人間像がたどる人生のプロセスを概念化し、① 生理的欲求、② 安全欲求、③ 所属や愛情欲求、④ 承認欲求、が満たされることで ⑤ 自己実現への意欲が生じるという、**欲求の階層説**を唱えたことで有名である（図2-1）。彼は、1970年代になって、**グロフ**（Grof, S.）らとともに、**トランスパーソナル・セラピー**を提唱した。これは、個人の日常的な意識だけでなく、それ以前の意識および個人を超越した意識の3次元を想定し、それぞれの次元のリアリティが存在すると考える立場である。彼は、自己実現欲求のさらに上に自己超越欲求を想定したのである。

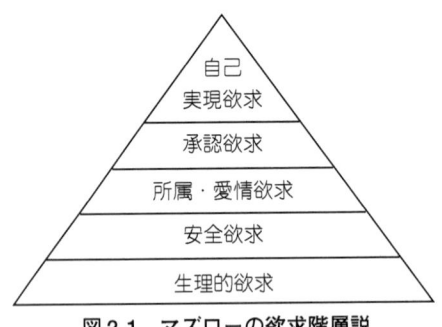

図2-1 マズローの欲求階層説

生老病死はすべての人間にとって避けがたい定めである。ターミナルケアなどの現場においては、このトランスパーソナル・セラピーを学んでおくことが支えになるのではないかと考えられる。それは、近年、とみに注目を集めている**スピリチュアリティ**（**霊性**、**精神性**）という概念とも深い関連性を有しているとみなせよう。

トランスパーソナルは、基本的には世界観、人間観に関する思想であり、具体的な技法としては、グロフの**ホロトロピック・ブレスワーク**や、ミンデル（Mindell, A.）の**プロセス・ワーク**をはじめとして、さまざまなものが存在している。

## 3　無意識を重視するカウンセリング

　人間のこころは、理性と損得勘定だけで動いているわけではない。自分にとっても思いがけないこころの動きが、確かに存在している。たとえば、とても評判のよい人なのにどうしても「虫が好かない」とか、知り合ったばかりなのになぜか「馬があう」といった表現を思い出してみよう。自分の内部に、自分とはちがう"虫"や"馬"が住んでいて、それらが理屈では説明のつかない動きをするわけである。昔の人びとは、経験的に、人間のこころのなかに自分でもコントロールできない**無意識**の領域が存在することを知っていたのかもしれない。

### (1) 精神分析

　19世紀末のウイーンで開業医としての経験を重ねるうち、この無意識の存在に気づき、それを探求する治療法を編み出したのが**フロイト**（Freud, S.）である。フロイトの創立した学問体系が**精神分析学**、それに基づく治療法が**精神分析療法**と呼ばれるものである（両方をひっくるめて、**精神分析**と呼ぶ）。

　また、心理学において、無意識の存在を認め重視する立場を総称して**深層心理学**とも呼んでいる。精神分析という用語は、原則としてフロイト派を指している。このフロイト派は、その後、いくつもの流派に枝分かれし、論争を繰り返しつつ多くの著名な治療者、研究者を輩出してきた。フロイト以降の主要な精神分析学派については、表2-1（次ページ）に、ごく簡単にまとめて示した。

　無意識の領域とは、本人にも見えないこころの地下室のようなものである。人間は、日常生活のなかで、自分にとって不愉快なことや不都合なことはなるべく意識したくないものである。そこで、意識の領域の中心に存在する**自**

表 2-1　フロイト以降の主要な精神分析学派

**自我心理学（正統フロイト派）**
　自我の機能を重視する学派。フロイトの実娘であるアンナ・フロイト、ハルトマン、乳幼児研究のマーラー、スピッツなど。

**対人関係論（文化学派、新フロイト派）**
　対人関係や社会・文化の影響を重視する学派。サリヴァン、ホーナイ、フロム、フロム＝ライヒマンなど。

**対象関係論**
　**クライン派**　現実とのかかわりより、主観的な内的対象関係を重視する学派。子どもの遊戯療法をめぐるメラニー・クラインとアンナ・フロイトの論争は、斯界の歴史に残るものであった。
　**独立派・中間派**　対象関係を重視しつつも上記の論争には加わらなかったボウルビィ、バリント、ウィニコットなど。わが国でも信奉者のきわめて多い学派である。

**自己心理学**
　自己愛に関する見解の相違から、元は自我心理学派であったコフートが創立した学派。自己愛パーソナリティの心理療法において、共感的対応の重要性を指摘した。

**ラカン派（パリ・フロイト派）**
　フロイトの原典を、言語学、哲学、構造人類学など最新の知見を駆使して解読したラカンが創立した学派である。

我は、見たくないものを地下室に放り込んで、しっかり蓋をして忘れてしまうのである。それが**抑圧**と呼ばれる**自我防衛機制**（自我が自分を守るために用いるからくり）である。フロイトは、抑圧される内容として、もっぱら当時の社会でタブー視されていた**性**を重視した。

　地下室に押し込まれた諸々の思いは、そのまま消えてしまうわけではない。自我が眠ってしまった夜、夢という形をとってそっと姿をあらわすこともある。あるいは、その思いを身体が肩代わりして、症状という形であらわれることも多い。不愉快なことや不都合なことを意識化せず、いつも温厚でいられる人が、（身体医学的には原因不明の）身体症状で苦しんでいることは決して稀ではない。こころの治療には、この無意識の領域に押し込まれたもの

を意識化することが不可欠であるといえよう。

　無意識の領域を対象とする治療の難しさは、それを普通の対話の形では取り扱えないことである。ことばで表現できるのは、自分が意識化していることだけである。そこで、フロイトが開発した精神分析療法の技法は、長椅子を用いた**自由連想法**と**夢分析**である。現在のわが国において、長椅子を用いた自由連想法はめったに施行されていないが、夢分析は広く行われている。夢は無意識の領域からの貴重なメッセージであるとみなされ、そこに秘められた意味が解釈によって明らかになっていくのである。

## (2) 分析心理学（ユング派）

　スイスの精神科医**ユング**（Jung, C. G.）は、フロイトの著した『夢判断』に感銘を受け、10年の間、共同研究者として精神分析を研究した。しかし、性を重視するフロイトとの考え方の違いによって袂を分かち、独自の**分析心理学**という立場を打ち立てた。彼は、個人的な無意識のさらに奥には、民族や人類に共通する**普遍的（集合的）無意識**が存在すると考えた。

　スイスに留学した河合隼雄が、『ユング心理学入門』（1967）によってユング理論をわが国に紹介したことで、それまで来談者中心療法のみであったわが国のカウンセリングの世界に新たな気運が盛り上がった。もし河合の存在がなかったならば、ユング理論が直接にわが国にこれほど浸透したかどうかは疑問であろう。

　ユング派の技法も夢分析が中心である。また、河合が、言語化が不得手だが直感力に優れた日本人に適した治療法であると考え、日本に導入した**箱庭療法**（サンドプレイ・セラピー）は、特に子どもを対象として広く用いられている。

　なお、ユングと同じくフロイトと袂を分かったアドラー（Adler, A.）は、性を重視したフロイトに対して、劣等感を補償しようとする**権力への意志**を重視し、**個人心理学**を提唱した。

　精神分析にせよ分析心理学にせよ、無意識を重視する学派において、国際

箱庭の例

的に公認された治療者になるための教育・訓練はきわめて厳しいものである。わが国においては、そのような正式の教育・訓練を受けた人びと以外に、これらの学派の治療理論を学び、**スーパービジョン**を受け、**精神分析的カウンセリング**、**分析心理学的カウンセリング**を行っているカウンセラーは数多い。また、来談者中心療法との折衷派もきわめて多いのが現状である。面接の基本姿勢は来談者中心療法に則して行いながら、無意識の領域をも重視するのは、ごく普通のことになっていると言ってよいであろう。

　アメリカにおいては、上記の理論・技法を土台として、次々と新しい療法が考案されてきた。それらのなかには、わが国に導入され、広く用いられているものも多い。それらのうちの主要なものを表2-2（次ページ）に示した。

## 4　行動療法

　これまで述べてきた来談者中心療法や精神分析などが、あくまでもこころの治療・援助の実践を通して体系化されたものであるのに対して、臨床の外の**実験心理学**の分野で研究された**学習理論**を臨床に応用して開発されたもの

## 表2-2 新しい心理的援助の技法例

**交流分析**
　バーン（Berne, E.）によって1957年に創設された精神分析の簡易版といわれる技法。人生の脚本分析やストローク理論をもち、肯定的な人生態度の確立をめざす。現在、性格検査として広く用いられているエゴグラムは、このなかで作成されたものである。

**家族療法**
　家族をひとつのまとまりをもったシステムとみなし、そこに生じる心理的問題を取り上げる技法である。コミュニケーション学派、構造学派など、多くの学派がある。

**ブリーフ・セラピー**
　治療姿勢として短期的、効果的、効率的、倫理的、経済的であることを重視する立場の総称である。

**ナラティブ・セラピー**
　内的生活史をストーリーとして物語ることを重視する技法。家族療法、精神分析の両方から提唱された。

**サイコエデュケーション（心理教育）**
　患者と家族に対して、病気や治療についての正しい知識・情報を提供するために、心理的配慮のもとに行う教育的援助アプローチ。

---

が、**行動療法**と呼ばれる治療法である。心理や精神ということばではなく、行動ということばが用いられているのが注目される。行動療法という名称は、1959年にイギリスのアイゼンク（Eysenck, H. J.）によって提唱された。

　行動療法の特徴は、人の問題をあくまでも具体的行動の問題として認識すること、治療技法も仮説を立てて検証するという形をとるという点である。たとえば、摂食障害のケースであれば、「なぜ食べられなくなったのか」という原因の探求に深入りするよりも、少しずつでも体重を増やすことに力点を置くのである。

　現在では、行動療法は複数の理論に基づき、多様な技法をもつ治療法へと発展を遂げ、広く用いられている。

(1) 新行動S-R理論

**不安を軽減**させるための治療技法の基盤となるものである。主な技法としては、**系統的脱感作法**がある。**不安階層表**を作り、**筋弛緩訓練**や**エクスポージャー**によって少しずつ不安を軽減させていくやり方である。筋弛緩訓練の代わりに**アサーティヴ・トレーニング（主張訓練）**が行われることもある。

(2) 応用行動分析モデル

**オペラント条件づけ**（賞罰による行動の形成）の理論に基づき、本人のやる気を引き出すためなどに**強化**という技法を用いる。

(3) 社会学習理論

望ましい行動の変容には、それが自分にとって可能であると感じる**自己効力感**が必要であり、自分で自分を観察する**セルフモニタリング**、自分の行動を統制する**セルフコントロール**などの技法が用いられる。

(4) 認知（行動）療法

近年、**うつの治療法**のひとつとして、**ベック**（Beck, A. T.）によって考案された**認知（行動）療法**が注目を集めている。**認知**とは、ものの考え方、ものごとの捉え方を意味する。認知のしかたには人によってクセがある。もし悲観的な認知を行うクセがあれば、ものごとを悪いほうへ考え、どんどん落ち込んでいくであろう。自然に頭に浮かんでくる考えを**自動思考**と呼び、それを生み出すその人固有のパターンを**スキーマ**と呼ぶ。認知（行動）療法の実践は、次の4段階で行われる。

① 心理教育（認知理論等についての知識を学ぶ）
② 自動思考の発見（日常生活における非機能的な思考の記録をとることで、自分の認知のクセを見出す）
③ 自動思考の妥当性の検証（自分の認知のクセが現実に妥当するかどうか検討する）
④ 自動思考をより妥当なものに置き換える

　行動療法は、方法論が明確であり、結果が出やすいこともあって、医療・看護現場や社会教育の場で広く用いられている。ただし、行動療法を好む人と、精神分析や分析心理学を好む人は、感性や価値観がかなり異なることが多く、この両者の統合は難しいといわねばならない。
　また、行動療法へと導入するためにも、まず人間主義的カウンセリングによる**ラポール（治療的信頼関係）**の形成が望まれるケースも多い。

　いずれにせよ、相手の状態とニーズに応じた技法の選択、統合が今後の重要な課題であると考えられる。しかし、最初から統合をめざすのは難しい。まず、自分がもっとも関心を惹かれる理論・技法から学び始めたいものである。

**【レポート課題】**
１．臨床現場におけるカウンセリング・マインドの重要性について、あなたの考えを述べなさい。
２．精神分析など無意識を重視する心理療法と行動療法の主要な相違点を、簡潔に説明しなさい。

**【参考書】**
河合隼雄（1967）『ユング心理学入門』培風館
鈴木　晶（2004）『フロイトの精神分析』ナツメ社

## 第3章
# 発達障害の理解とカウンセリング

## 1 はじめに

　近年、発達障害は非常に身近な存在となっている。看護や保育の現場でも発達障害児・者や障害児を抱える親と出会うことも少なくないであろう。一般に、発達障害児・者が呈する問題は一人ひとり本当にさまざまで多岐にわたっているだけでなく、こだわりや独特の思考といった障害特性も複雑に重なりあっているために、周囲が理解や対応に苦慮することが多いようである。しかし、障害ある人の理解し難い訴えや不適応に見える行動は、彼らの"困っている"姿の表れである。看護や保育の現場では、障害の治癒や軽減といった医療モデルではなく、障害がある人の困り感をどのように理解して、本人や周囲をサポートしていくかといった生活モデルでの援助が求められる。

**【事例1】** A男（大学1年生、男子）
　「対人関係で何かトラブルに巻き込まれないか？　僕にはどういう人が良い人なのか、悪い人なのか、その見分け方がわからない。それを見極める眼力(がんりき)をもてるようになれるかが心配」という不安で、大学の保健センター内の相談室を訪れる。
　カウンセリングでは、「大学の授業はノートが全部とれない」、「英語の授業で、できるだけ英語で書くようにと言われたが、"できるだけ"の意味がわか

らず、イライラして他のことに手がつかない」といった学業上の不適応感や、「休み時間などひとりでいると自分の世界に入ってしまい、小さい声でボソボソと喋ってしまう姿を周りはどう思うのだろうか」といった対人関係での不安が訴えられた。A男の訴える不安状況を丁寧に聴き、「できるだけ」という意味の捉え方や休み時間の過ごし方など、それぞれの場面での対処のしかたを共に考えると、A男は「そうですね」と笑顔で落ち着き、「僕はこうすればいいんだっていうのが、自分で見つかるといいんですけど」と語った。

【事例2】B男（大学1年生、男子）
　「ここは大学なのにテキストがやさしすぎる」「大学なのにレポート課題が出されない」など、自分の思い描いた大学生活との違いについての不満を大学事務に訴え続けるも、思うような返答がもらえず保健センターに来談。
　「大学としてこれは由々しい事態である！」「由々しい事態、由々しい事態……」というように、興奮気味に訴えたあとその発言を小声で繰り返すことが印象的で、そういったことは面接中に時々見られた。
　その後、B男は周囲とうまくなじめないことから、「みんなから大人であると認められるためには、競馬やパチンコなどギャンブルを始めないといけない」「やさしい人間になるために、女性に性転換しないといけない」といった、自己同一性（アイデンティティ）の障害を呈するようになった。

これら2つの大学生の相談事例を読んで、どのような印象をもったであろうか？　どちらの事例も、一見すると、大学生特有の対人不安、大学への不適応感の訴えにしか見えないかもしれない。

　しかし実際には、事例1は幼少期に**アスペルガー症候群**という診断を受けており、事例2についても、不安定さから精神科を受診した際に**広汎性発達障害**（PDD）と診断されている。

　すなわち、彼らの訴えは**発達障害**という何らかの**脳の機能障害**による、独特の認知特性から生じた不安定さであった。

　これらの事例と同様に、精神科や心療内科などの医療場面でも、初めはうつ病やパニック障害、社交不安障害、あるいは人格障害や統合失調症が疑われたケースが、実はその問題の背景に生来の発達障害があり、その認知特性や環境への適応能力の障害から引き起こされた二次的な精神的問題であることが少なくないといわれている。

　これらのケースについては、発達障害への知識があるか無いかによって、理解や対応がまったく変わってくる。本章では発達障害、なかでもあげた事例のような、いわゆる軽度発達障害についてまず概観し、カウンセリング的援助のポイントについて述べたい。

## 2　発達障害とは

　**発達障害**とは、胎生期も含めた発達期に、さまざまな原因が作用して中枢神経系に障害が生じた結果、認知・言語・社会性および運動などの機能の獲得が障害される状態である。すなわち、発達期の脳の機能障害により、発達の速度がゆっくりになったり、発達の状態にアンバランスが見られる状況と理解できる。

　発達障害についての理解は、医学・教育・福祉・心理臨床等の分野で急速に広まっている。2005年に施行された「発達障害者支援法」では、「『発達障害』とは、自閉症、アスペルガー症候群その他の広汎性発達障害（PDD）、

学習障害（LD）、注意欠陥多動性障害（ADHD）、その他これに類する脳機能の障害であってその症状が通常低年齢において発現するものとして政令で定めるものをいう。」とされ、医療介護を必要とする重症の心身障害から、軽度の機能障害まで、非常に幅広く発達障害として認められることになった。特に最近では、これまで障害として考えられてこなかった**軽度発達障害**に関心が向けられている。

### (1) 軽度発達障害について

軽度発達障害の簡単な特徴と、周囲が生じやすい誤解を表3-1（次ページ）に示した。「なぜか、場の空気が読めず人とうまくかかわれない（PDD）」「なぜか落ち着いていられない（ADHD）」「どうしても理解できない学習項目を抱えている（LD）」など、各障害によって困難を抱えている部分は異なるが、いずれも、当たり前にできることとして周囲に期待されてもうまくできないため、本人や周囲がとても苦労をしてきた歴史を抱えている。

また、"軽度"発達障害といわれているが、ここでいう"軽度"とは、知能に遅れがないという教育上の意味合いにおいての"軽度"であり、決して障害に伴う困難が軽いという意味ではない。むしろ、他のことはできるのに部分的に困難を抱えているために障害としては理解が得られず、「わがまま・怠けている」「親のしつけができていない・愛情不足である」といった誤解に基づく否定的な体験を本人も保護者も積み重ねてきている。発達障害をもつ子はそうでない子に比べて、いじめや虐待を受ける可能性が高いという報告も多い。

### (2) 発達障害はどれくらいあるのか？

以前は自閉症の発症率は0.1％程度、すなわち1000人に1人程度と考えられていた。その後、発達障害の理解が進むにつれ、知的な遅れを伴わないアスペルガー症候群といった、**自閉症スペクトラム**（連続体）が予想以上に

表3-1 軽度発達障害の特徴と生じやすい誤解 (田中康雄 (2006) より。一部改変)

| 軽度発達障害 | 特徴 | 誤解 |
|---|---|---|
| 広汎性発達障害（PDD）<br>・自閉症、アスペルガー症候群などの総称<br>・自閉症スペクトラムとも呼ばれる<br>・IQが70以上を高機能という | 1）関わりあいの拒否（社会性の障害）<br>2）言葉・雰囲気のやり取りがうまくいかない（コミュニケーションの障害）<br>3）こだわり（想像力の障害）、本来の遊び方ができない、同じ行動の繰り返し（行動の障害） | 保護者への批判<br>・人とのかかわりが取れないのは愛情を持って育てられていないから<br>・言葉かけやかかわりが希薄、大切にされていない<br>子どもへの批判<br>わがまま、自分勝手 |
| 注意欠陥多動性障害（ADHD） | 1）多動<br>2）注意散漫<br>3）衝動性 | 保護者への批判<br>社会的なルールなどきちんと躾けてない<br>子どもへの批判<br>わがまま、自分勝手 |
| 学習障害（LD） | 読み・書字・算数（計算）などの学習能力が年齢、知的レベル、受けている教育により、期待できる程度よりも低い状態 | 保護者への批判<br>日頃の学習指導をしていない<br>子どもへの批判<br>やる気がない |
| 発達性協調運動障害 | 協調運動の発達が年齢、知能レベルに比べ劣る、粗大運動の遅れ、不器用 | 保護者への批判<br>手をかけていない<br>子どもへの批判<br>やる気がない |

多いことが明らかになり、最近の調査では、自閉症スペクトラムの人は70〜100人に1人程度となっている。

　冒頭の事例の大学生のように、知能に遅れのない発達障害をもつ青年が大学生活を送ることは決して特別なことではなく、国立特殊教育総合研究所（2005）によると、約30％の大学が、発達障害の診断があるか、疑いがある学生からの相談に対応しているという報告がある。

　いわゆる軽度発達障害という概念ができてから発達障害についての考え方は急速に変化している。たとえば、発達障害児をもつ保護者が「俺も昔は授業中に教室を飛び出していた」「私も昔から空気が読めず、こだわりが強か

った」と幼少期を語ることがあるが、時代が異なれば、これらの保護者も発達障害と診断されたかもしれない。発達障害について正しい認識をもっていると、医療場面や社会生活のなかで発達障害の診断を（部分的にでも）満たす人に出会う機会は少なくないはずである。

### (3) 発達障害かどうかを、どう判断するか？

　発達障害かどうかを判断するためには、この障害について十分な知識を有することが前提となるが、一見しただけでは障害の存在がわかりにくい軽度発達障害をもつ人とのカウンセリングでは、面接中の様子から発達障害である可能性を感じ取ることが重要である。

　たとえば、冒頭にあげた2つの事例では、どのあたりに発達障害の可能性を疑わせる兆候があらわれていただろうか？

　筆者には、A男の「眼力（がんりき）」やB男の「由々（ゆゆ）しい事態である」といった、"形式ばった用語"を用いることばの問題、"自分の世界に入り、ボソボソと小声で繰り返す"点、A男の「できるだけ」といった"曖昧な概念の処理のできなさ"、B男の訴える大学への不満やアイデンティティの混乱における思考の不自然さ、などが発達障害の特徴であると感じられた。それ以外にも発達障害をもつ人とのカウンセリングでは、"視線を合わせない"、"話し方の抑揚が特徴的"、"自分の好きなことは際限なく話そうとする"、"話がちぐはぐ"、"1つだめだと思うとすべてだめだと思い込む"、"肯定的なイメージをなかなか描けない"、"過剰に素直（あるいは一切納得せず、自分の意見しか言おうとしない）"、"形式にこだわる"などの特徴を感じることがある。

　いずれも、これがあれば発達障害と判断できるものではなく「発達障害の可能性が疑われる」に止まるものであるが、もし話を聴くなかで、どこかこのような印象が残る言動や何らかの違和感などを感じた場合には、発達障害の可能性を考えて精神科医・臨床心理士などに相談し、アドバイスを受けることが望ましい。

## 3 発達障害のカウンセリングのポイント

### (1)「肯定的体験」としてのカウンセリング

　発達障害を抱える人への心理的援助のなかでもっとも重要なことのひとつは、いかに彼らにとっての**肯定的な体験**を積み重ねてあげられるかということである。

　**【事例3】**学校で胸痛が続いているC君（小児科受診、初診時14歳）
　　医者の診察中も心理面接中も、自分の好きなカードゲームの話が多く、症状の説明や学校の状況について尋ねても「普通」「わからない」「微妙」等、要領を得ない。結局、胸痛は医学的には問題ないものの、身体症状の原因や今後の見通しが明確にもてずに初診を終えた。しかし、初診直後から症状が激減し、その後も毎週、診察後の数日間は胸痛が起こらなかった。母親は「自分の話を聞いてくれるのが嬉しいみたいで、他の病院と違ってこの病院には喜んで行くんです」と話す。その後、母親自身も本人の話を聴いてあげることの重要性に気づいてからは、家庭での会話が増え、当初の主訴は不思議とほとんど見られなくなった。のちにアスペルガー症候群と診断された事例である。

　この事例では、本児の言語能力が未熟なこともあり、ストレスや悩み等のいわゆるカウンセリングらしい話はできていない。診察中になされたのはC君の好きなカードゲームの話だけである。しかし、それだけで身体症状が改善されたことから考えると、自分の好きな話題を聴いてもらえるということが、彼にとっての治療的な体験になったようである。カウンセリングにおいては「無条件の積極的な関心」や「受容」が原則とされている。どんな話題であっても関心をもって聴いてもらえるという体験は、どのようなカウンセ

リングにおいても重要であることは言うまでもない。加えて、他者とつながることに困難をもち、対人関係で否定的体験を積み重ねている発達障害者にとって、ただ好きな話を聴いてもらえることが、自分のことを否定されない体験になったり、自分の世界を共有してくれる人との"つながれる体験"となり得る。そのような体験は、私たちの想像以上に貴重な肯定的体験になるようである。

### (2) 内的世界の推測と共感的理解

　発達障害のカウンセリングをする上で、発達障害特有の内的世界の推測とそれに基づく**共感的理解**を行う能力が援助者には求められる。

　　　犬がなぜ犬なのか、ある時不思議に思った。犬といってもセントバーナード犬のように巨大な犬もいれば、チワワのように小型の犬もいる。毛の長いものも、毛の短いものも、ヘアレスドッグまでいる。……（中略）なぜ、これらが犬という共通のことばで言われるのか。

　これは、自閉症の当事者でかつ動物学者として著名なテンプル・グランディン博士が、ある講演で「犬」ということばについて疑問に思っていたことを述べた有名なエピソードである。
　多くの人は、多様な犬がいても、それらを総称して犬であると"何となく"把握することに特に疑問や苦労を感じない。しかし、発達障害をもつ人の場合、**障害特有の認知傾向**のために、彼女のような抽象的なイメージの把握に苦労を抱えることは珍しくない。
　発達障害のカウンセリングでは、このような障害特有の認知傾向を頭に入れて聴くことが求められる。特に、カウンセリング中に「なぜ、そのような考え方になるのか？」と疑問に感じられたとき、その疑問は発達障害特有の認知傾向が関係していることが多い。
　たとえば、冒頭の事例2でいえば、「なぜそんな些細な（レポート課題が

出されない)ことにこだわるのか?」「なぜ、アイデンティティの混乱の処理が独特なスタイルになるのか?」といった点があげられる。これらの疑問に対して、「些細なことにこだわるのは、もしかしたら、些細なことと重要なことがうまく区別できない認知特性があるのではないか?」、「大人になる、やさしいといった抽象的なことばの把握がうまくできないので、大人=ギャンブル、やさしい=女性という限定的なイメージにとらわれてしまったのではないか?」など、彼らの思考のしかたに添って、内側から理解をしようとする姿勢が求められる。

　発達障害の場合、どうしても表面的な行動や不適応に目が向きやすく、いったん発達障害であるとわかると、「障害だから」とひとくくりに見て、こころをみることが疎かになることが少なくない。発達障害のカウンセリングでも、不安や苦しみがどんな理由によるものなのかを理解していくことは他のカウンセリングと同様に重要であり、その際に、障害特有の認知傾向に関する知識が必要となる。最近は、先のテンプル・グランディンをはじめ、発達障害を抱える人が自身の体験世界を記した手記が数多く出版されている。それらを参考にするなどして、その体験世界に思いを馳せることが大事である。

### (3) 実行可能性の高い具体的な提案

　通常のカウンセリングで重要とされる、いわゆる受容と共感に加えて、発達障害のカウンセリング的援助においては、悩みや不安、困り感に対して現実的なアドバイスが必要である。たとえば、冒頭の事例1では、「できるだけ英語で」という曖昧な概念の理解への混乱に対しては、適切な基準を一緒に決めたこと、「ひとりでいるとどう思われるか気になる」という訴えには、「休み時間は携帯プレーヤーで音楽を聴いていれば、他の人からは大学生として違和感なく見えるので大丈夫であろう」というアドバイスが、A男には大変有効であった。

　よく、発達障害をもつ人が「自分には社会性がないので、その場にあった適切な行動のために社会常識辞典があったらいいのに」と語ることがあるが、

実際、発達障害の場合、状況理解や状況改善のための適切な行動をなかなかひとりではイメージすることができにくい。話を聴いた者が、状況を理解して「こういう時はこうすればいい」「この状況はこう考えるといい」というように、その場面にあった社会的な行動や考え方の基準を通訳的に伝えてあげることが有効なアプローチになる。特に発達障害の場合、そのアドバイスはできるだけ具体的で、実現可能性の高いものであることが望ましい。

## 4　保護者へのカウンセリング

　発達障害児・者の心理的・精神的な問題は、その障害そのものが直接引き起こすわけではなくて、学校や職場といった対人関係での不適応感や否定的体験の積み重ね、または勉強や仕事が思うようにできないという自己効力感の低下が引き起こすものである。そのため、彼らにとってもっとも近い場所で自分のことを理解し、支えてくれる存在である保護者を専門家や周囲が理解し支えることが、発達障害のカウンセリングにおいては非常に重要である。

### (1) 障害児をもつ親が抱えるストレス

　母親のストレスを比較した研究では、障害児をもつ母親は、定型発達児の母親に比べて高いストレスを感じていることが指摘されている。発達障害児に対して、親は何らかの違和感や独特の育てにくさを長期にわたって感じていることが多い。カウンセリングでは発達障害の特徴と、それによって生じる親の気持ちを十分理解した上での支援を行うことが求められる。

【事例4】D君の母親（30代前半　表情が固く疲れきっている印象。
　　　　　3歳児健診後、保健所でのフォロー面接）
　　　落ち着きがなく、園でのお遊戯などに興味をもたずに別のことばかりしていたため、自閉症と診断されたD君。3歳半を過ぎても子どもの求めるままに

母乳を与える母親に対して、担当保健師は何度か歯並びの面から卒乳指導をしたが、母親は聞く耳をもとうとしない。しだいに保健師は「母親の甘やかしが子どもの不適応行動に影響しているのでは」と、否定的な感情を抱いた。

　その後、カンファレンスでアドバイスを受けた保健師は、母親に「母乳が止められないのは、何かお考えがあるのでは？」と尋ねた。すると、「止めなくてはいけないと頭ではわかっているのですが、この子は私を求めてくることがなくて、母乳を与えているときにしか、自分が母親であるという実感が得られないんです」と涙された。その後、これまでの自分のD君へのかかわりが周囲に責められ続けてきたことを保健師に話せるようになり、しだいに母親自身が明るくなっていった。

コミュニティのなかで障害を理解されにくい現状がある。障害に起因する行動を親の養育態度のせいとされることで母親は傷ついたり、親としての自信を失っていく。この事例のように周囲から非難や誤解を受けてきた体験から、助言やアドバイスに対して拒否的になったり、親としての苦労や悩み、不安や迷いを誰にも相談できず、孤立しているケースは少なくない。

　発達障害児を抱える親への支援を考えると、まずは保護者の考え方を否定せず、これまでの傷つきや母親なりの頑張りを受容し支持的に聴くことが重要である。

　母親自身が孤立している場合、子どもの現実の姿から肯定的なところが見出せなかったり、これからの成長していく姿に目を向けることがなかなか難しい。まずは母親自身が誰かに受け止めてもらえるという体験をすることで、母親自身がネガティブな存在からポジティブな存在に、そして子どもへのかかわり方がポジティブになることが期待される。

## （2）障害受容について

　障害児をもつ保護者の障害受容過程に関して、段階説や螺旋形モデルがよく知られている。**段階説**とは、障害の受容過程を混乱から回復までの段階的な過程として説明しようとするものである。たとえば、先天性奇形を伴った子どもの障害告知後に起こる親の心理的変化を、① ショック、② 否認、③ 悲しみと怒り、④ 適応、⑤ 再起の5段階からなると報告したドローターら（1975）のモデルをはじめ、数多くのモデルが報告されている。

　それに対して、**螺旋形モデル**（中田, 1995）とは、障害の受容を、肯定と否定の両面をもつ螺旋状の過程とするモデルである。すなわち、障害受容という到達段階に至る直線的な過程があるのではなく、保護者は常に障害に対する肯定的感情と否定的感情のアンビバレントを抱え、行きつ戻りつしながらの受容過程を歩んでいるという考え方である。特に軽度発達障害の場合には、その状態像が曖昧かつ変化しやすいために、常に期待と諦め、自信と無力感等、慢性的なジレンマ状態に陥りやすいと言われている。

　保護者へのカウンセリング的援助をする上で、これらの障害受容過程モデルを知ることは非常に有用であるが、どちらにしても援助者は、「障害受容」というゴールを早急に求めないことが重要である。

　周囲から見ると、「親が変われば子どもも変わるのに」「なかなか保護者の障害受容が進まない」と感じられることがあるかもしれない。しかし、障害受容を進めることに躍起になることは、援助者側の「母親とはかくあるべき」という価値観や理想の押し付けになりかねず、保護者が抱えている複雑な感情を否定し、追い詰めてしまう危険性がある。

　発達障害児を抱える保護者に対する社会的資源はまだ多くはない。長期にわたって障害児と向き合っている保護者の複雑な気持ちを丸ごと受容し、寄り添うような支援が援助者には期待される。

## 5 おわりに

　近年、発達障害をもつ人は想像以上に多いことが明らかになり、その行動特徴や認知特性についても、少しずつ明らかになってきた。しかし、障害を抱える本人や家族に対する援助は十分とはいえず、まだまだ周囲の理解が得られなかったり、信頼できる拠り所が見つけられず、つらさや苦しみを抱え込んでいるケースも多い。

　発達障害への心理的援助で何より重要なことは、障害についての正しい理解である。障害や気持ちを十分に理解した上での支援は、障害が理解されないことによって生じる心理的・精神的な問題に対してだけでなく、障害を抱えた人・家族の自己実現に対する援助にもつながるであろう。障害に対する理解がカウンセリングに直接携わる者だけではなく、社会全体において深まることが期待される。

【レポート課題】
1．発達障害をもつ人による手記や書籍を読み、感じたことについてまとめなさい。
2．発達障害児をもつ親へのカウンセリングのあり方について述べなさい。

【参考書】
杉山登志郎（2000）『発達障害の豊かな世界』日本評論社
品川裕香（2003）『怠けてなんかない！　ディスレクシア ── 読む・書く・記憶するのが困難なLDの子どもたち』岩崎書店

# 第4章
# 精神科看護とカウンセリング

## 1　はじめに

　従来看護カウンセリングの基本的姿勢は、一般的には**ロジャーズ**（Rogers, C. R.）**の来談者中心療法**が中心であり、共感的で非指示的に、無条件の肯定的な配慮で傾聴することが大切と言われている。しかし精神科において、その病態や時期によっては、「共感的に傾聴する」ということが自我を脅かす体験になることもあり、安易なカウンセリングは危険な場合もある。また近年は、精神科でも**チーム医療**が叫ばれ、医師や看護師だけでなく、臨床心理士や、精神保健福祉士、作業療法士、管理栄養士、薬剤師などがそれぞれカウンセリングマインドをもって、患者にかかわるようになっている。その場合においては、誰がどのような役割を担うかをきちんと機能分担した上で、かかわり方を考えないと、患者の精神をより混乱させてしまうことになりかねない。そのため精神科のチーム医療において、看護師はどのような役割を担っているのかを知った上でカウンセリングを行うことが重要である。

　また精神科患者の多くは、一般的には人とのコミュニケーションが苦手であると思われているが、その一部の人格障害といわれる病理をもつ患者の中には、部分的にはコミュニケーションに優れ、自分の利益のために周りの人を巻き込み、人を利用するのに長けている人もいる。そういう患者は、医師や看護師などのスタッフをも自分の思い通りに操作しようとする。そのため、

そういった患者の病理の現れ方やこころの構造を理解し、その病理に巻き込まれないようにしないと、かかわり方次第では、治療に有害になることすら起こりうる。よって患者の病理の現れ方やそのこころの構造に合わせた看護師の心理的支援方法を考えることも重要である。

## 2　精神科におけるチーム医療 —— 看護師の役割

　精神科医療においては、クリニックや、大学病院などの総合病院や、単科の精神病院など、その職場のスタッフの状況によって**看護師の役割分担**がかなり異なる。他の職種がいないスタッフが小人数の職場では、看護師がさまざまな役割を担うことになる。クリニックなどで、医師と看護師しかいない精神科では、患者は医師の診察だけでは物足りず、看護師に話を聞いて欲しがることが多い。この場合の看護師の役割は、臨床心理士に近いものになろう。ただ本来カウンセリングを行うときには、守られた構造（面接空間、時間設定など）が重要であり、廊下や他の人に聞かれる可能性のある処置室などでの会話であるなら、そこでは患者の重要な秘密に関するような深い話は聞くべきではないだろう。そういった設備がないのであれば、内容を浅いものにとどめ、長く聞かないようにする配慮も重要となる。

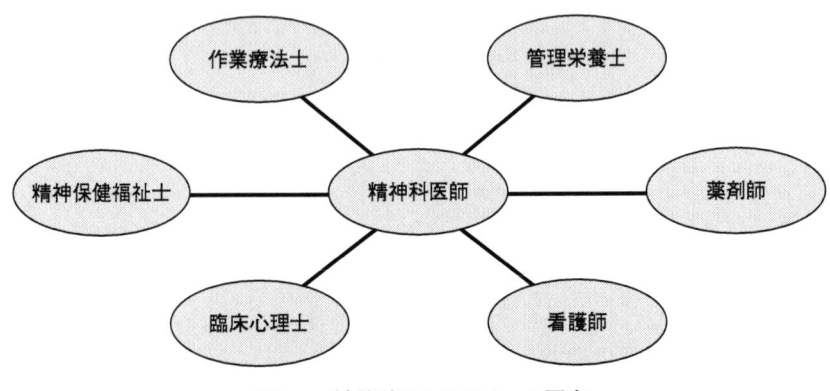

図4-1　精神科におけるチーム医療

一方、臨床心理士や精神保健福祉士や作業療法士などの他職種のスタッフがそろった環境においては、医師が治療チームの中心になり、看護師はその医師の補助として2番目にチーム全体を支える役割をとることが多い。臨床心理士や、精神保健福祉士、作業療法士、管理栄養士、薬剤師などはそれぞれの専門の立場で患者にかかわり、その専門の情報をチーム全体に提供することになる。看護師の患者への心理的支援を臨床心理士と対比すると、臨床心理士は無意識を含めた内面にかかわり、看護師は療養生活も含めた現実生活の心理的支援が中心になる。そしてそれらをチーム・ミーティングなどで相互に共有し、患者理解に役立てることが非常に有効である。そしてその際に、ミーティングで知り得た情報を、患者に話さないことは当然のことである。

　たとえば患者が腹痛の症状を訴えている場合を図4-2に示した。患者から腹痛の訴えがあった場合、看護師はまず現実的な食事行動や排泄状況などを聞き取ることによって、腹痛の原因を探ることになろう。臨床心理士は腹痛が心因性のものではないかという視点で、その前のストレスを探る役割となる。また他のスタッフにおいても管理栄養士が栄養指導から食事行動の情報を得ることが考えられる。そしてそれらの情報をすべて医師に集約し、そこから医師が、腹痛がどこから来ているか、どう治療するかの判断を行い、またそれぞれの立場でその情報を専門的なケアに生かしていくのがチーム医療である。

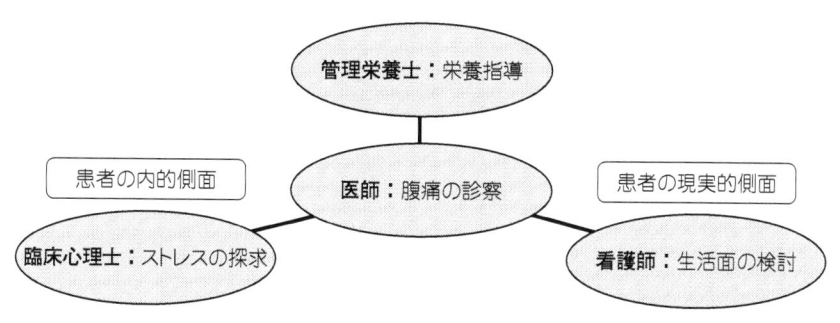

**図4-2　精神科におけるチーム医療の例：腹痛の場合**

## 3　病理水準別のこころの構造

　精神科の患者のこころの構造は、病理の重さによってかなり異なっており、こちらから同じことばかけやかかわりをしても、患者の受け取り方次第でまったく異なる反応になることが起こりうる。そのため病理によっては、話を共感的に聞いたり、うなずいたりすることが、治療の妨げになるどころか、悪化を招くこともあるので、注意が必要である。

　従来精神科では、精神科疾患を大きく病理の重さから、**精神病水準、人格障害水準、神経症水準**という3段階に分けて捉えてきた。そして精神分析学の対象関係論学派の**カーンバーグ**（Kernberg, O. F.）は、この病理水準別のこころの構造を心理発達という観点から整理している。それをもとに、この3つの病理水準別のこころの構造を、図4-3 に模式的に示した。

　いちばん外側の円が自分と外界・社会の境界であり、自我境界ともいわれ、自分と他者との境界でもある。この自我境界が危うくなっているのが精神病水準であり、その内側には核となる自分がなく、考える自分がその場その場でバラバラにある状態である。そして人格障害水準は、自我境界ははっきりあり、内側で考えていることと外側で起こっていることの区別はつくものの、さらにその内側が良い自分と悪い自分の2つにはっきり分かれており、自我が統合されていない状態である。神経症水準は、自我境界は問題なく、核となる自分もあるため、良い自分も悪い自分も両方同時に自分の中にあることを認識することができる状態である。そしてこの3つの病理水準のそれぞれのこころの構造の違いを理解した上で、かかわり方を考えることが、カウンセリングを行う上では非常に重要となる。

第4章 精神科看護とカウンセリング

〈精神病水準のこころの構造〉

〈人格障害水準のこころの構造〉

〈神経症水準のこころの構造〉

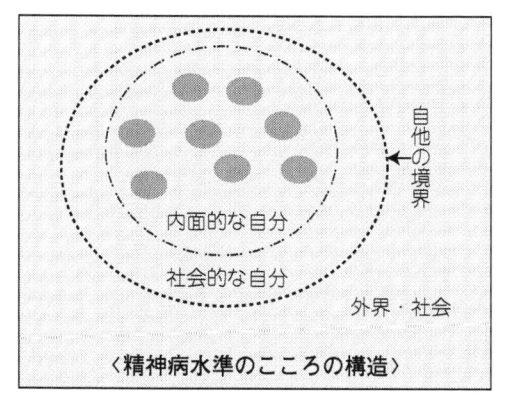

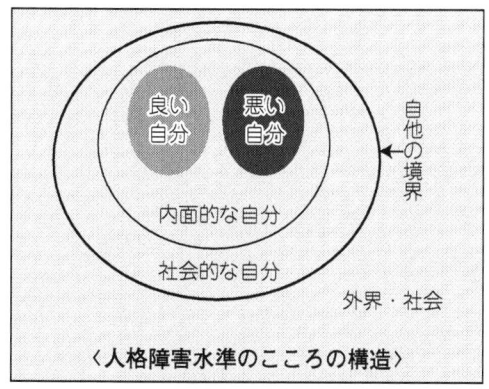

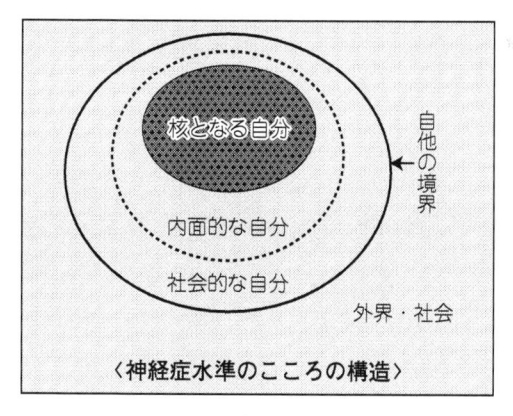

図4-3 病理水準別のこころの構造

## 4 病理水準に合わせたかかわり方

　基本的なカウンセリングの姿勢としては、どの病理水準の人であってもひとりの人間として偏見なく、そのこころを尊重することが最も重要である。たとえば老人の患者に対して名前でなく「おばあちゃん」と呼びかけることは、個を尊重していることにならない。患者一人ひとりが苦労して生きてきた歴史に思い馳せることができるならば、自然と敬意の念が湧いてくるものである。そしてその上で患者の話を真に共感的に傾聴し、患者の感情や今何に困っているのかを理解しようとするのがカウンセリングの基本である。そして精神科では、そうした基本の姿勢をもった上で、さらに病理水準に合わせたかかわり方を考える必要がある。

### (1) 精神病水準の患者へのかかわり方

　精神病の人たちのこころの構造は自我境界が脆弱であるため、自分が無意識的に考えている内側の声を、外界から聞こえた声として、**幻聴**という症状が作り出される。よって同様に、自分の考えが知らないうちに外に漏れ出ているのではないかと思い、人に知られているのはないか？と不安になることも多い。また現実にない**妄想**を語ることもあり、安易にうなずいたり、共感的に聴くことで、妄想を拡大させたり、より不安にさせたりすることも生じる。そのため精神病水準の人の話を聴くときには、現実の話であるのか、幻聴や妄想などの症状であるのかを見極めながら聴くことが第一である。そして病的なものであると判断したら、即座に否定するのではなく、それに関する話題には付き合わないようにして、なるべくさりげなく現実的な話に持っていくことが重要である。

　**【事例1】** 統合失調症の女性

第4章　精神科看護とカウンセリング

P（Patient：患者）1「部屋に置いておいたお菓子が盗まれたんです。きっとAさんが盗ったに決まってます。」
N（Nurse：看護師）1「そうですか？　どこに置いておいたのですか？　いつまでありましたか？」（一緒に探し、記憶をたどる）
P2「机の上だったと思うのですが ――。昨日お昼に見たような……いや昨日夜あったかな。やっぱり夜はなかったような。」
N2「昨日の午後食べてませんでしたか？」
P3「あ、食べました！」
N3「そうですか。わかってよかったですね。」
P4「実は昔自分の母親に虐待を受けていて、お菓子を一切与えられなかったんです。」
N4「そうだったんですか（うなずく）。お気の毒に。」
P5「やっぱりそう思いますか？　やっぱり、私の母親は悪い母親だったんですね！」
N5「そうなんですか？？」
P6「今あなたが『そうだ』って言ったじゃないですか！」（泣き出す）
N6「そういう意味では……」


　この事例1は、妄想のある統合失調症であるが、前半は同室の患者Aさんに盗難の被害妄想を抱き、看護師に相談してきたやりとりである。前半、Aさんに関する話を聴かないことによって、妄想の内容には取り合わず、現実的に対処したところはよかった。しかし後半で母親への被害妄想には、共感的にうなずいてしまい、そこで患者の妄想を肯定した形となり、より患者の混乱を引き起こし、看護師も対応に困る結果となっている。精神病水準の患者は、自我があいまいなためこうした主語が入れ替わる現象はよくあることであり、安易にうなずくことや、一見共感にみえる同情は危険である。とくに妄想的な訴えは慎重に聴き、前半のように現実的に対処するか、肯定でも否定でもない態度で受け取るのみにするとよい。またこういった人たちは、中心となる自分がないため、他の患者や環境の変化などの周囲の影響を受け

45

やすく、それによって混乱していることもあるので周囲の環境要因を把握していることも重要となる。

### (2) 人格障害水準の患者へのかかわり方

　人格障害水準の患者は、自我境界もあり、一応一般常識もあるので、非現実と現実が混じることはない。しかしかなり感情の波が激しく、無意識的な欲求によって動き、特に対人関係ではそうした感情によって行動化しやすく、問題を生じやすい。そしてその対人関係の問題が医師や看護師などのスタッフとの間でも同様に問題を引き起こしてくるので、注意が必要となる。

**【事例2】失敗例、過食症の女性**

P（Patient：患者）1「実はこの前B看護師さんに『まだ誰にも言わないでね』って念を押して、『C主治医が話を聞いてくれない、主治医はどうしたら替えられるのか』と相談をしたら、C主治医が『どういうこと？』ってきいてきた。言わないでと言ったのに、もう信用できない！」

N（Nurse：看護師）1「そんなことがあったの。言わないでって言ったのに、それはだめだよね。」

P2「Bさんは普段もそんな口が軽い人なんですか？」

N2「それはちょっと……でも言わない約束なら、言ってはだめよね。」

P3「あなたは信用してもいい？　絶対誰にも言いませんよね。」

N3「もちろん。私たちには守秘義務もありますから、絶対言わないと約束したら私は守ります。」

P4「実はここだけの秘密ですが、他の人から聞いたんですけど、B看護師さんとC主治医が付き合ってるって聞いたんですよね。だから2人で私の話をして笑ってたんじゃないかと思って──。そしたら腹が立って──。」

N4「え～。そうなのかしら？」

P5「そうに決まっています。私この前2人がナースステーションの中で仲

良さそうに話しているのを見ました。」
N5「それはそういう場面はあるかもしれないけど。」
P6「Bさんにうそついたことを謝ってほしい！」
N6「そうね。師長と話し合っておきますね。」
P7「師長に話す？　言わないでって言ったでしょ！　あなたもうそつき！」

　事例2は、過食・嘔吐を繰り返している境界型人格障害の入院中の事例である。もともとはC主治医にも、B看護師にも好意をもっており、CとBが付き合っているといううわさを聞き、裏切られたという怒りと見捨てられ不安で、この看護師に相談したやりとりである。前半のN2はBさんの悪口に付き合わないようにかわせたのであるが、後半怒りの感情に巻き込まれてしまい、前半誰にも言わないと言ったのに、自分から師長に話すと言ってしまったことは誤った対応である。もともとはB看護師に裏切られたと思い込み、この看護師を味方につけようというのが、この相談の主旨であろう。人格障害水準の患者は、人に対して好き嫌いがはっきりしているので、スタッフを敵と味方に分けていることが多い。そしてそれは瞬時に入れ替わるのも特徴であり、前半はこの看護師に好意を抱き近寄ったが、後半は師長へ判断を預け、自分から逃げようとしていると感じて、最後には怒りになっている。よって人格障害水準の患者には、好きにも嫌いにもなられないように、ある程度心理的距離をとったかかわりが重要である。次に、この場合の成功例を示す。

### 【事例2´】成功例、過食症の女性

　P（Patient：患者）1「実はこの前B看護師さんに『まだ誰にも言わないでね』って念を押して、『C主治医が話を聞いてくれない、主治医はどうしたら替えられるのか』と相談をしたら、C主治医から『どういうこと？』ってきかれた。言わないでと言ったのに、もう信用できない！」

　N（Nurse：看護師）1「言わないでって言ったのに、主治医が知っていて、Bさんに裏切られた気持ちがしたのかしら。」

P2「Bさんは普段もそんな口が軽い人なんですか？」
N2「Bさんを信用していたのに、裏切られたと思うのですね。」
P3「あなたは信用してもいい？　絶対誰にも言いませんよね。」
N3「でも主治医を替えるということは治療が継続できなくなるかもしれない重大なことなので、私もこのことは主治医に伝えると思います。ただ主治医に話すことをあなたに先に伝えてからのほうがよかったとは思いますが——。」
P4「実はここだけの秘密ですが、他の人から聞いたんですけど、B看護師さんとC主治医が付き合ってるって聞いたんですよね。だから2人で私の話をして笑ってたんじゃないかと思って——。そしたら腹が立って——。」
N4「そのうわさを聞いたから、余計に裏切られた気持ちになったのですね。」
P5「そうに決まっています。私この前2人がナースステーションの中で仲良さそうに話しているのを見ました。」
N5「うわさは、私はよくわかりません。ただ公私混同はしないと思います。」
P6「うそついたことを謝ってほしい！」
N6「そうですね。それについては直接Bさんに言ってみてはどうでしょう？」
P7「そうですね。」

まず患者に巻き込まれないようにするために、言っている内容には焦点づけせず、N2、N4のように患者の感情のみに焦点づけて対応する。そしていちばんこの患者の言いたいこと（B - Cの関係への不安）が出て来たら、それは過剰な思い込みの反応であるので、冷静に現実的な検討をさせるように促すことが大切である。そしてその上で、Bさんとのトラブルは他の人を介入させず、直接解決させるように持っていくことが重要である。（人を介せば介すほど、問題が複雑になるからである。）

### （3）神経症水準の患者へのかかわり方

神経症水準の患者は、自我境界も強く、自分で自分の中の葛藤や悩みを意識化して考えることができる。よって考えていく方向性だけを示せば、自ら考えて解決していく自我の強さを持っている。そこで援助者が気をつけることは、余計なアドバイスをしないで、いかに邪魔をせず見守れるかということである。

#### 【事例3】摂食障害の女性

P（Patient：患者）1「食べるのが怖くて怖くて ——、でもみんなが食べろって言う。どうしたらいいの？　食べるのがイヤなわけじゃないのに。」

N（Nurse：看護師）1「食べたくないわけじゃないのにね。どうして食べるのが怖くなっちゃったのかな？」

P2「初めはダイエットのつもりで、食べないようにしてて、みるみるやせたので楽しくなった。でもここまでやせたいわけじゃなかった。でもまた太るのが怖くて食べられない。」

N2「ダイエットからだったんだね。ダイエットはいつ頃から？」

P3「中学1年くらい。生理が来たあとかな。体重が減ってこなくなったけど——。」

N3「何でダイエット？　何かきっかけはあったの？」

P4「そんなことないよ。何となく胸が出て来たり、丸くなったのがイヤだ

った。そういうのを母にいろいろ言われたのがイヤだったのかもしれない。」
N4「お母さんは何て？」
P5「女の子らしくしなさいとか、胸が大きくなったねとか ——。お母さんは口うるさくて、でもデリカシーがない。ああいうふうになりたくない。」
N5「お母さんとの関係と、ダイエットのことは関係あるかもしれないね。」
P6「そうかもしれない。」

　拒食症で体重が32キロになり、入院となった女性である。患者の語る内容は最初は食べることの不安であったが、看護師とのやりとりの中で母親と関連することを思い出し、内面的な問題へとつながっていった。こちらからは発病のきっかけに心因を見出そうと質問を投げかけていき、それによって自分から母親との問題に気づいている。このように神経症水準のカウンセリングは、患者の心理的問題をある程度初期に把握し、その方向さえ見失わないでいれば、患者自ら解決していくものである。よってカウンセリングとしては、絡み付き滞っている葛藤に焦点を当てて、こころの整理をしていくことが中心となる。

## 5　おわりに

　精神科看護カウンセリングは、従来の看護カウンセリングの技法だけでは対処できないことが多い。よって他にもいくつもの理論や技法を学ぶ必要があり、より専門職としてナースカウンセラーという専門資格もできているくらいである。また精神科の患者は、不安が高いためにその多くは誰かに聴いてもらうことや、誰かに頼ることを渇望している。そのため看護師がやさしく話を聴くと、すぐに依存的になり、何度もくり返しその欲求を求め、看護師が結局抱えきれずにバーンアウトしてしまうことも多い。よって患者だけ

でなく、看護師自身も守るために、精神科看護における専門的なカウンセリングマインドをきちんと身につけることが重要である。患者の病理によっては、一見冷たいように見えるが話を聴かないことや距離をおいて接することも、精神科においては専門的なカウンセリングマインドに基づいた看護のひとつである。

【レポート課題】
1．精神科のチーム医療における看護師の主な役割を説明しなさい。
2．3つの病理水準別の看護師のかかわり方で、それぞれの水準別によって気をつけるべき点を簡潔に述べなさい。

【参考書】
広瀬寛子（1994）『看護カウンセリング』医学書院
阿保順子（1995）『精神科看護の方法』医学書院

第 5 章
# 児童・思春期心身症の看護とカウンセリング

## 1 はじめに

　近年、児童・思春期心身症の子どもたちは増えており、そのような子どもたちが医療現場を訪れることは決して珍しいことではない。身体症状に悩まされ、検査を繰り返し受けるも所見では異常が認められないなど、当人や家族は途方にくれているような場合がある。表面上は一見、特別大きな心理的問題などを抱えているように見えないケースも多く、医療者にとってもその後の治療をどう進めてよいのか判断しづらい場合もあるかもしれない。そのような場面で子どもの身体だけではなく、表情に目を向け、子どもの語る言葉を聴いていくことで解決の糸口につながることもある。しかし、現実には忙しい医療現場において十分な時間を割いて子どもや家族の話をじっくり聴くこと自体が難しい場合も多いであろう。心理士のスタッフがいる現場では、そのような役割を心理士が担っている場合もあるが、そういう体制にない現場も多い。

　医療機関を訪れた子どもや家族にとって、看護師はもっとも身近な医療スタッフである。診察室の中では伝えきれなかった不安な気持ちや心身の辛さを、看護師に共有してもらうことで支えられているケースは非常に多い。たとえ診察の前後や合間の何気ない関わりだったとしても、看護師にかけてもらったあたたかな言葉や態度は、子どもの心細さを軽くし、症状と向き合う気持ちにつながっていく。特に、入院をしている子ども達や家族にとっては、

看護師の果たすそのような役割はより一層大きいものであろう。

今回は、児童・思春期心身症の子どもへの対応や理解のポイントについて、事例を通して述べる。心理士としての関わりを中心にまとめた内容ではあるが、出会いの場面の大切さやケースとの向き合い方など、共に医療現場で働く対人援助職として共通する部分があるのではないかと考えている。

## 2　Aさんの事例

【事例】Aさん（15歳、女子、中学3年生）

　Aさんは、5月下旬ごろに母親に伴われて来院した。待合室の隅でうつむきがちに座っているので表情はよく見えないが、時折、上目遣いにチラッと周囲を見回している。

　医師との初めての診察では、「学校でお腹が痛くなる……」と言ったきり、無言が続く。症状の具体的な様子について尋ねられても応答するのに時間がかかり、口数も少ない。Aさんがうつむいているので仕方なく母親が本人に代わって返事をしていると、時折、抗議めいた口調で「ちがう！」等とつぶやく。十分な時間をかけてAさんから話を聞いたほうが良いと判断した医師が、別室での心理相談をすすめると、「どっちでもいい」との返事だった。

　心理士との面接でも、最初は「別に……」「ふつう」等とはっきりしない返

答ばかりだったが、徐々にAさんなりに症状を伝えようとする態度が見られるようになった。

　Aさんによると、中2の夏頃より、学校で腹痛に悩まされるようになったとのこと。特に教室で授業を受けているときはお腹が張ってきてガスが出そうになり、こらえるのが大変だという。また、お腹を下して授業に出られなくなったことがあり、それ以来、登校時間が近づくと腹痛が始まるようになったそうである。最近ではどうしても登校できない日が増えつつある。

　カウンセリングにおいて、**初回面接**は非常に重要な意味合いをもつ場面である。児童・思春期心身症のケースに対応する場合も同様に、初回面接の成否はその後の治療の流れを大きく左右する。ここで、Aさんの初回面接での様子を示し、検討材料としたい。

　医師にすすめられて心理士との面接に応じたAさん。その態度には、"自ら進んでカウンセリングを受けるのではないのだ"という意思が示されている。しかし、強気な態度と裏腹に、こちらの出方を窺っている様子や、緊張していることが伝わってくる。心理士が「今日はいい風が入りそうだね。Aさん、そちら側の窓を開けたいので、ちょっと手伝ってもらえる？」と頼むと、一瞬、拍子抜けしたような、どこかほっとしたような表情を浮かべて応じる。しばらく雑談をしたあとに、心理士が「今日、ここには、あまり気乗りしないけど来てくれた……という感じかな？」と尋ねると、「うん」とも「ううん」ともつかない曖昧な感じで首を傾ける。医師の診察場面でわかりにくかったことや疑問等なかったかを確認すると「別に。お母さんが勝手に喋っていたっていうか、私はほとんど話してないし……」と答える。心理士が「そう。お母さんが代わりに返事をしてくれていたんだね。でも、Aさんのことはaさんにしかわからないこともあると思う。話せる分でいいので、Aさんから教えてほしいのだけど？」と問うと、うなずいてくれた。このあとの大まかなタイムスケジュール（心理士と話したあとに再び診察を受け、〇時ころには終了予定である）を伝えてから、具体的な症状等について聞き始めた。

話していくうちに面接場面や心理士に対する構えは和らいできたものの、Aさんの返事は曖昧なものが多く、説明もいまひとつ要領を得ない箇所が多かった。「たとえば次のうち当てはまるのはどれ？」等と心理士が選択肢を与えたほうが答えやすいようだった。また、症状の程度を確認する場面では、「"ヤバイ！　もう限界！"っていう状態を10だとすると、その痛みは数字であらわすとどのくらい？」等と数値で答えてもらう方法だと、Aさんも比較的スムーズにやりとりできるようだった。自宅では登校前に腹痛がひどく、帰宅後や休日はそれほどひどくないとのことだった。総合病院で一通り検査も受けたが、検査所見では異常なしと言われた。処方された整腸剤を服用していたが、症状は続いているとのことだった。
　Aさんの場合、腹痛や腹部膨満感など症状自体の不快さや苦痛はもちろんだが、それに伴う心理的なつらさも深刻なようであった。心理士としては、Aさんが日常生活のなかで感じている困りの軽減をはかるため、具体的な状況把握に努めた。症状が出るのは主に学校で、体育や音楽などクラス全体がざわめく授業のときよりも、教室での授業のときに悪化するとのことだった。静かな教室では腹鳴が周囲に聞こえてしまうのではないか、ガス（オナラ）が出てしまうのではないかと、気が気ではないという。学習に集中できない状態が続いており、成績も落ちてしまったと話す。学校では、他の生徒たちに気づかれるのが怖くて、トイレに行くことをためらってしまうとのことだった。
　一度、教室でガスをずっとこらえていたら激しい腹痛と下痢におそわれ、トイレに駆け込んだまましばらく出られなくなったことがあり、「あんなにひどかったのは初めてで、ショックだった」という。朝食の内容がいけなかったのかと考え、以来、登校前に朝食をとるのが不安になり、欠食のまま登校することもある。保健室で相談しようとしたこともあったらしいが、他の生徒の出入りが気になってタイミングを逸し、打ち明けられなかったとのことである。
　心理士が、これから先のことで心配なことはないか尋ねると、「もうすぐテストがある。成績も落ちているし、テストって教室がいちばん静かになる

から……」と不安気な表情を浮かべる。何より、最近では学校生活自体が苦痛になっているらしく、「学校休むと親が心配して騒ぐから我慢して行っているけど、本当は行きたくない」ともらす。実際、欠席は徐々に増えつつあるようだった。

その後、医師よりＡさんの症状（＝ガス型の過敏性腸症候群）について説明があり、症状経過の目処や、いくつかの注意点が伝えられた。また、心理士より今後は医師の診察と薬物治療に加え、心理士によるカウンセリングと自律訓練法（心身の緊張を和らげリラックスするためのセルフコントロール技法）を一緒に行うことを提案した。提案に同意するかどうかはＡさん自身に決めてもらいたいと告げると、Ａさんは少し考えたあとに「お腹、治したいから」と同意の意思を示した。

Ａさんとの話が一通りすんだあと、母親に同席してもらい、Ａさんへの説明内容と、Ａさんと話し合って決めたことについて伝えた。Ａさんにとっては現在の状態で学校生活を送るのは困難を伴い、適切な配慮を欠くと本格的な不登校状態に陥ってしまうことも懸念された。それを防ぐためにも環境調整が必要だと考えられ、今後は学校側にも理解を求めていく方向で進めることになった。

## 3　事例の理解

"腹痛"は子どもにとって身近な症状であるが、**過敏性腸症候群**は児童や思春期の臨床現場で比較的よく出会う心身症のひとつである。

本事例は、過敏性腸症候群に悩まされている思春期女子が、不登校になりかけているケースである。本事例を理解する際には、過敏性腸症候群という疾患を理解すると同時に、それらを含む児童思春期心身症の理解がポイントとなる。

(1) 子どもの心身症

**心身症**とは身体疾患であり、その発症や経過に心理・社会的因子が大きく影響しているものである、と定義されている。

医療・相談機関に連れられてくる子どもの主訴は、大別して、① 身体症状、② 行動面での問題、③ 精神症状のいずれかである場合が多いと言われている。そのような子どもを目の前にしたら、これらの症状は子どもからの何らかの表現やサインであると捉えて、こころとからだの両面にアプローチするのが児童・思春期の心身医療における基本的な考え方である。

(2) 過敏性腸症候群について

わが国における小児の**過敏性腸症候群**の頻度は小学生で1～2％、中学生で2～5％、高校生で5～9％と報告されている。小児の過敏性腸症候群の病型としては、主に、① 反復性腹痛型、② 便秘型、③ 下痢型、④ ガス型に分類される。年少児は反復性腹痛型が主体であるのに対し、前思春期には便秘型や下痢型などに分化し、思春期に入るとガス症状を主訴とするタイプが出現し始める。

Aさんの場合は、ガス型の過敏性腸症候群であった。ガス型の過敏性腸症候群では、放屁や腹鳴、腹部膨満感など、ガス症状に対する恐怖・苦悩が強い。特に、静かな場所や閉めきった空間などで症状が強くなることもあり、適切な治療や対応がなされずにいると、不登校や外出困難に至るケースもある。女子に多く、20代以降に症状が軽快することもあるが、その一部は治療が難航するとされる。

薬物療法と治療教育を行うと同時に、心理社会的要因がどの程度関与しているかを十分に見極め、それらへ配慮していくことが重要な鍵をにぎるといえる。

## (3) 心理社会的要因の関与の見極め

**心理社会的要因**の関与については、過敏性腸症候群に限らず、児童思春期の心身症を診る場合に不可欠な視点となる。

まず、症状が出現し始めたのはいつ頃かということや、そのころの生活状況を確認する。平日と休日によって症状の程度や頻度が異なるかどうか、時間帯による違いがあるかなどを確認する。また、日常生活で支障をきたしている面はどこか、その内容と程度も把握する必要がある。さらに、症状に対して本人が抱いている思いや、これまでどのような対処をしてきたかということも確認しておく。

Aさんの場合、症状が目立つのは主に平日で、登校前と授業中に、より悪化していた。授業の間はずっと「お腹が鳴ったらどうしよう……ガスが出たらどうしよう……」ということを心配して過ごしている。緊張状態でのストレスは大きく、腹部症状へのこだわりが余計に強まるなど、悪循環に陥ってしまっていることが窺われた。授業には身が入らなくなり、不登校に陥りかけるなど、日常生活のいくつかの面で支障が出ている。また、過敏性腸症候群は、特に中学や高校の最終学年に症状が認められることが多く、受験ストレスとの関連も指摘されているが、Aさんの場合も高校受験を前に症状が増悪していった。

このように、本人の置かれている状況や日常生活での負担は、症状の経過に大きな影響を与える。身体症状をしっかり診るのと同時に、心理的・社会的要因の影響を常に念頭に置いた上でかかわっていく必要がある。

なお、Aさんのケースではないが、一見特に気になるところはないように見える子どもでも、状況の説明が極端に苦手であったり、やりとりがどこかちぐはぐであったりするケースの中に、発達の偏りや遅れをもっている場合がある。近年、小児心身症のハイリスク群として発達障害が注目されていることからも、常にそのような視点も持っておく必要がある。

このように、児童・思春期心身症を診る外来では、表面化している**主訴**と

は別に、**その背景に別の問題を抱えている**場合がある。そのことに本人や家族も気づいていない場合もあるが、常にいくつかの可能性を思い浮かべながら複数の観点で目の前の子どもを観察しておくことが重要である。

## 4 対応のポイント

Aさんの事例を通して、児童・思春期心身症のケースと向き合っていく際の対応について考えていきたい。

### (1) 初回面接の重要性

初対面の思春期ケースにかかわっていく際は、さまざまな工夫と細やかな配慮が求められる。それは、本人が診察室（面接室）にあらわれる前の、待合室から始まっている。その日の待合室の様子はどうか、たとえば周囲が大人ばかりで気まずそうにしてないかなど、待ち時間も含めた"居心地"への配慮が必要である。不快感を抱いているようであれば、スタッフが一声かけるのもよいだろう。居心地に気をくばるのと同時に、待合室での本人の様子や家族とのやり取りをさりげなく観察しておくことで意外と重要な情報が得られる。

そして、いざ本人が目の前にあらわれたら、できる限りこころをくばりたいものである。座る位置は、真正面だと"見られている自分"を過剰に意識しやすいということもあり、45度あるいは対面の場合でも少し斜めにずれた位置の席を用意しておくなどして、本人に自由に選ばせるのもよい。緊張や構えが強い子もいるので、いきなり本題には入らずに、何気ない話題で徐々にその場になじんでもらうようにしたい。「これから何をするのか、それにはどの程度時間がかかるのか」という大まかな流れを事前に伝えておくことで、子どもの不安や戸惑いを軽くできる場合もある。

さらに初回面接では、症状を正確に把握し（情報の聞き取り）、ケースの

見立てを行う必要がある。しかし、情報を集めることばかりに気をとられて質問攻めにしてしまったり、相手の些細な表情変化を見逃してしまってはいけない。「相手に自由に話してもらいながらも、おさえておくべき情報はおさえる」というのは、実際にやってみると予想以上に難しいことである。

　これらの作業を行いつつ、治療機関やスタッフとのあたたかな出会いの「場」を保障する。子どもの張り詰めたこころとからだをゆるめられるよう、自然な流れでその後の治療へ導入することが重要である。そして、子どもに「また来てもいいな」と思ってもらうことが初回面接での大切な目標である。

### (2) 面接のすすめかた

　見立てや治療方針が定まったら、本人や家族に丁寧に提示していく。その際、こちらの考えを一方的に伝えるのではなく、「このように考えたのだけど、どうでしょう？」とフィードバックして、意見を求める必要があるだろう。

　本人や家族にとって、何らかの診断を告げられる状況というのは、これまで描いていた「健康なイメージ」が失われてしまうことでもあり、これからどう向き合っていけばよいかとの戸惑いが生じることも多い。そのような本人や家族に対して、症状や疾患の理解を手助けすることもスタッフの大きな役割である。たとえ相手が子どもであったとしても、本人が理解できるよう平易なことばできちんと説明するなどの対応をしたい。子どもによっては口頭での説明だけよりも、書面に箇条書きにしたりイラスト等を加えることで、理解をより確かにできる場合もある。どこかに少し"あそび"の雰囲気を漂わせておくこともよいだろう。本人や家族にとって、症状経過の目処や今後の治療方針について十分理解することは、不安軽減と当面の見通しをもつことにつながるであろう。

　面接を進めていく際には、本人や家族が意見や疑問を自由に話せる雰囲気をいかに作るかということも、非常に重要な点である。本人や家族の反応によっては、こちらの提案した内容を見直したり、必要に応じて修正できるよ

うな柔軟な姿勢をもちたい。

### (3) 環境調整

児童思春期の心身症の場合、医師による診察や薬物治療、心理士によるカウンセリング等を行うのと同時に、その子どもが大半の時間を過ごす日常生活の場（主に学校と家庭）における**環境調整**も重要なポイントとなる。

Aさんの場合は、学校生活での環境調整のポイントとして、① 授業中でもトイレに行ってよいということを保証する、② トイレに行く際は、教師の了承をそのつど求める必要はない（周囲に気づかれないような配慮）、③ 本人が安心して学校のトイレを使えるようにする（場合によっては職員用トイレの使用を認める）、④ 座席は本人の心理的負担が少しでも軽い場所に配置する、⑤ 状況によってはテストを別室で受けることを認めてもらう、等であった。

このように、本人の日常生活を大切に考え、周囲が配慮すべきことは何かを具体的に検討していく視点も必要である。環境調整を行う場合は、必要に応じて医療機関も学校等と連絡を取り合い、共に検討していく姿勢を示したい。

### (4) 思春期心性への配慮

もう子どもではないけれど、大人でもないのが**思春期**の子どもたちである。子どもとしては扱えず、大人と同じように対応してもうまくいかない。

#### ( i ) うまくことばにならない・できない

思春期ケースとかかわる際、最初のうちは特に、自ら進んでスムーズに話してくれるケースは少ない。自発的に話せそうかどうか様子を見ながら待ちつつも、あまり長く沈黙が続くと、それは本人にとっても気詰まりな時間となってしまう。そのようなときは、こちらである程度予測を立てながら、選

択肢方式の質問から始めたり、数値で答えてもらうなどの工夫を必要とする。

こちらが丁寧に説明しても、ちゃんと聞いているのかどうかわからないような態度を見せることがある。そのような場合は、少し間をおいて確認する。

質問がないか尋ねる際、わからなくても「わからない」と言えない思春期ケースは多い。本人のプライドを大切にしながら要点を再度説明したり、次回来談時に前回の確認や感想を求めるのもひとつの方法である。

いずれにしても、ひとりの人間として対等に向き合うことをこころがけたい。話す際には決して一方的に押し付ける伝え方にならないよう注意をしながら、本人から自覚や治療意欲を引き出したい。こちらの姿勢は、話の聴き方やことば遣い、表情などに微妙にあらわれるものであり、子どもたちは思っている以上にそのようなことを敏感に感じとるものである。

### (ⅱ) 周囲の目が気になる

思春期の子どもにとって、周囲、とりわけ同級生らの目というのは非常に気になるものである。児童思春期心身症のなかでもガス型の過敏性腸症候群は腹鳴や放屁の不安などから、本人が"周囲に知られること"に常に悩まされていることもある。予期不安を生じやすい状況下で症状へのこだわりが強まるなど、悪循環に陥ってしまうケースは多い。しかし、そのようなケースに「気にしすぎないように」と早急に助言したり、安心させようと「そのうち良くなるから大丈夫」等のことばをかけても安易な気休めとしか受け取ってもらえなかったり、「自分はこんなに辛いのに全然わかってない！」と反発の気持ちをもたれたりする場合もあるので難しい。

### (ⅲ) 踏み込まれたくない

思春期の子どもは、大人が思いもしないところでひっかかっていたり、深く悩んでいたりする。しかも、そのことを悟られまいと必死で隠していたりする。いきなり核心をつくような質問をしたり、鋭い指摘をすることは避けたほうがよいだろう。この時期の子どもたちは、気持ちの準備が整わないうちに内面に踏み込まれることに対し、強い拒否感情を抱く場合が多い。本人

の抵抗が徐々に和らぎ、安心して話し出せるようにさりげなく導く必要がある。そのためには、"話したくないことは無理に話さなくてもよい"ことを伝えておくことも重要である。時には雑談やユーモアを交えて深刻な雰囲気になりすぎず、しかし、本人の思いやつらさにはしっかり添っていくこころづもりで向き合いたい。

## 5　Aさんのその後と、カウンセリングで目標にしてきたこと

　カウンセリングを通してAさんにもたらされた変容とは、何であろう。
　Aさんとのカウンセリングは、Aさんが受験を終え、高校生活のスタートをきるころまで続いた。受験が近づき、いったん軽快していた症状が再び悪化し始めると、Aさんは「せっかく治ったと思ったのに、治っていなかった……」「このままだと受験も失敗するに違いない」と、非常に落ち込んだ様子を見せた。心理士としては、ただでさえ大変な時期に症状を抱えながら過ごさざるを得ないAさんのつらさと歯がゆさを想像しながら、カウンセリングではAさんと一緒に「"治る"ということ」について改めて考える機会とした。そして、症状は完全に消失しないまでも、それなりにやれていることを見つける作業を共に続けていった。
　"現状より大幅に悪くしないこと"を当面の目標として過ごすうちに、「お腹のことが気になればなるほど、余計痛くなってくるみたい」「この前、お腹が痛くなってきたときに、身体の別のところに意識を向けたら何とか大丈夫だったよ」等と、徐々にだが、Aさんなりの"症状との付き合い方"を見つけ始めたようであった。
　受験直前のカウンセリングでは、一緒に入試の面接の練習をし、心理士の演じる面接官役の下手さに笑いあったり、合格祈願の絵馬を書くなどして過ごした。受験当日に向けたサポートとしては、中学校側と相談の上で、必要な状況になればすぐ別室受験に切り替えられるように、診断書を事前に提出しておいた。中学校の先生方もAさんをしっかり支えてくれている様子だっ

た。

　当日、Aさんは制服ポケットに処方薬とお守りをしのばせ、皆と同じ会場で最後まで受験することができ、見事、合格を果たした。

　受験を何とか乗り越えたことは、Aさんにとって確かな自信につながったようであった。それまでのように症状のことで一喜一憂することが少なくなり、新しい高校生活での疲れがないかと心配する心理士に向かって、「まあ何とかなるよ。大丈夫」と答える姿があった。高校入学後まだ間もなかったが、保健室を訪れ、自分の症状について説明をしてきたと話す。心理士は「困ったときにちゃんと周りにヘルプを求めるのはとても大事なことだね」と伝え、カウンセリングで目標にしてきたことは達成したものと考えた。

　Aさんとは、「もし必要を感じたら、そのときにまた来談するように」と約束して、カウンセリング終結とした。

【レポート課題】
1．児童・思春期の心身症にはどのようなものがあるか、その臨床的特徴とあわせて調べてみよう。
2．もし目の前に児童・思春期心身症の子どもが現れたら、看護師としてどのようにアプローチできるか、考えてみよう。

【参考書】
富田和巳（責任編集・監修）（2003）『小児心身医学の臨床』診断と治療社
菅佐和子（編著）（2004）『医療現場に生かす臨床心理学』朱鷺書房

第6章
# 慢性疾患（糖尿病）看護と
カウンセリング

## 1　はじめに

　周知のように糖尿病は代表的な**慢性疾患**であり、一度発症すると完治することは望めず、病気を治す代わりに病気をうまくコントロールしていくことが求められる。そのために、糖尿病治療においては、患者自身が積極的に**自己管理（セルフケア）**に取り組む姿勢が不可欠であり、これが長期的な合併症（網膜症、腎症、神経障害、動脈硬化性疾患など）の進行度や予後を大きく左右する。ところが、この患者に求められる自己管理は、食事療法や運動療法、服薬、血糖自己測定、インスリン自己注射など、複雑多岐にわたっている。その上、すでに習慣化した日常生活行動を大きく変化させながら、新たにこれらの自己管理を進めていかなければならず、相当な困難さを伴うことになる。

　実際、「そんなはずはない」「たいしたことではない」と病気を否認（不安を引き起こすような現実的な状況を無意識的に認めようとしない**自我防衛機制**）して自己管理に取り組もうとしない患者、「なぜ自分だけがこんな食事をしなければならないのか」という怒りのために食事療法に取り組めない患者、十分な説明もなしにインスリン治療への切り換えを言い渡され、医療スタッフへの不信感からインスリン自己注射を拒否する患者、何度も自己管理の取り組みに失敗して燃えつきてしまった患者など、病気や治療に対するさまざまな**感情的問題**を抱えて、自己管理をうまく実行できない患者は多い。

したがって、糖尿病治療においては、こうした感情的問題を調整して、自己管理に主体的に取り組んでいけるように援助する**カウンセリングマインド**（患者との間にあたたかくて信頼感に満ちた人間関係を作っていく姿勢や態度や心構え）に基づく心理的支援が必要である。

## 2　医療モデルと成長モデル

### (1) 医療モデルに従ったアプローチ

【事例1】

　　P（Patient：患者）1「インスリン注射はしたくないんだけどなぁ。」
　　N（Nurse：看護師）1「そうなんですか。でも、注射の手技さえ覚えてしまえば、そんなに大変ではないですよ。」
　　P2「インスリンを打ったら、甘いものを好きなだけ食べてもいいんですか？」
　　N2「そんなの、だめに決まってますよ！　そんなことしたら、インスリンを打ってる意味がなくなりますよ。」
　　P3「先生はインスリンを使ったら、食後の血糖コントロールがしやすくなるって言ってましたよ。」

N3「そうですよ。でも食事療法は今までどおり続けてくださいね。」
P4「でも、インスリンを打つんですよ。少しは余分に食べられるわけですよね。」
N4「これまでA1c＊がずっと8％台が続いていて、高血糖の状態だったんですよ。食事療法はできていないし、お薬でも下がらなかったから、インスリン導入になったんだと思いますよ。このまま高血糖が続くと、合併症が出るのが怖いですしね。」
P5「でも、それじゃ、何のためにインスリンを打つんですか？」
N5「何を言ってるの！ 血糖値を良くするためじゃないですか。それに、合併症が出ないようにしないと。眼が見えなくなったら困るでしょ。」
P6「それは、そうなんですけど……。」
N6「そうでしょ。だから、今日はインスリン注射の手技をしっかり覚えましょうね。」
P7「……。」

＊ HbA1c（ヘモグロビン・エー・ワン・シー）。赤血球中の蛋白質であるヘモグロビンとブドウ糖が結合したものの一種。

　糖尿病患者に対する従来の患者教育は、「医療モデル」に従った形で、医師や看護師が自己管理について一方的に指示を与え、これを患者がいかに忠実に守るかという**コンプライアンス**（医師や看護師の指示に対する遵守）が重視されてきた。したがって、医師・看護師と患者との関係は、「治す―治してもらう」「指導する―指導してもらう」という構造になりやすく、患者はいつも受け身の状態にとどまってしまうことになる（図6-1）。そのために、こうした従来のやり方では、自己管理に積極的に取り組んでいくという患者自身の主体性や自発性は育ちにくいのである。

　事例1は、インスリン自己注射を指導しようとする看護師と、インスリン治療には拒否的な患者とのやりとりである。看護師は何とか自分の指導に従わせようとするがうまくいかず、とうとう「このまま高血糖が続くと、合併症が出るのが怖いですよ」と、合併症の怖さを持ち出すことによって説得し

```
┌─────────────────────────────────┐
│         〈医療モデル〉            │
│  ╭─────────╮      ╭─────────╮   │
│  │医師・看護師│      │  患者   │   │
│  ╰─────────╯      ╰─────────╯   │
│   治療する    ➡  治療してもらう  │
│   指導する    ➡  指導を受ける    │
└─────────────────────────────────┘
```

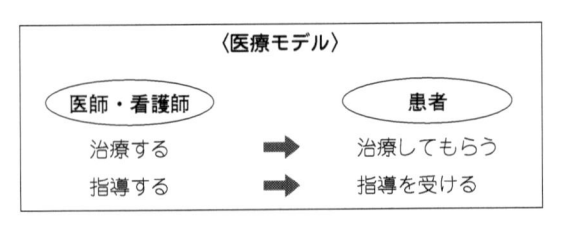

**図6-1　医療モデルに従った医療スタッフと患者の人間関係**

ようとしている。しかし、これではますます患者のやる気をなくさせ、最後に患者は何も言えなくなって、コミュニケーションの断絶を引き起こしてしまっている。糖尿病患者が高血糖の状態を続けるとさまざまな合併症があらわれることを医療スタッフが知識として伝えることは必要であるが、自らの指導に従わせるために合併症を脅しの道具とするのは、明らかに誤った対応といえる。確かに、患者は合併症の話を聞かされると、その場はしっかり自己管理をしなければという気持ちにはなるが、あまりに強い恐怖や不安は糖尿病を否認することにつながり、結局は自己管理をしなくなってしまうために、自己管理の動機づけにはならないのである。

## (2) 成長モデルに従ったアプローチ

　糖尿病患者教育においては、患者が自分の人生や生活にとっての病気の意味をしっかりと考えることや治療の必要性に気づくこと、さらには、自己管理の技術を自分で使えるようになることが大切であり、医師や看護師はその過程を支援し、励まし寄り添っていくことが求められる。このような関係は、患者自身の成長を促していくという**成長モデル**に従う人間関係であり、援助者である医師や看護師には、患者とともに考えて一緒に治療を進めていくという姿勢が必要なのである（図6-2）。
　この人間関係は、まさに心理カウンセリングにおいて、患者（クライエント）が自分で問題を探り、それを掘り下げ、自分自身の力で解決方法を見つけ出していく作業に、カウンセラーが「付き合っていく」「寄り添っていく」という姿と重なるものである。こうしたカウンセリング的な人間関係が、こ

```
┌─────────────────────────────────────────────────────┐
│                    〈成長モデル〉                     │
│     ╭──────╮                    ╭──────────╮        │
│     │ 患者 │                    │医師・看護師│       │
│     ╰──────╯                    ╰──────────╯        │
│   自分で問題を探る       ⇐      支える・励ます       │
│   自分で解決法を見つけ出す ⇐  付き合っていく・寄り添っていく│
└─────────────────────────────────────────────────────┘

**図6-2 成長モデルに従った医療スタッフと患者の人間関係**

れからの患者教育には求められているのであり、コンプライアンスよりも**アドヒアランス**（治療法の決定から実行までの過程に患者が積極的に参加すること）の強化に焦点を当てていくことが重要なのである。

近年、米国において展開されている**エンパワーメント・アプローチ**も、このような姿勢を基本的理念にしており、効果的な患者教育が報告されていることから、次にエンパワーメント・アプローチによる患者教育を紹介する。

## 3　エンパワーメント・アプローチ

### (1) エンパワーメント・アプローチの実際

【事例2】

　P (Patient：患者)1「インスリン注射はしたくないんだけどなぁ。」
　N (Nurse：看護師)1「それじゃあ、先生からインスリン注射の手技を覚えるように指示されたことも納得されていないんですね。」
　P2「うーん、インスリン治療には抵抗があるなぁ。」
　N2「インスリン治療のどんなところに抵抗がありますか？」
　P3「一度打ち始めたら、一生打ち続けないといけないんでしょ？　それに、生活がとっても不便になるし……。」
　N3「いろいろなことが心配になっているんですね。」
　P4「そう。手技さえ覚えれば、そんなに大変ではないと聞いているんですけどね。それに、インスリンを打ったら、甘いものを好きなだけ食べて
```

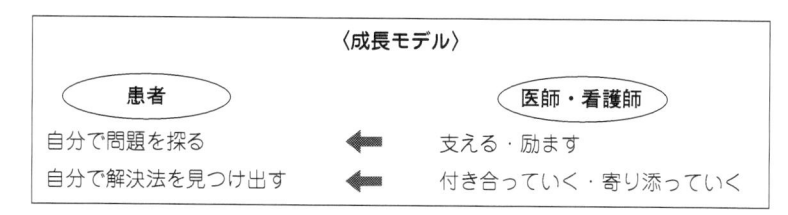

もいいんですよね。」

N4「えっ？　どうしてそんなふうに思ったんですか？」

P5「先生はインスリンを使ったら、食後の血糖コントロールがしやすくなるって言ってました。ずっとA1cが高い状態が続いているので、『インスリンを使って、今はとにかく血糖値を下げるようにしようか』って。」

N5「確かに、半年ほど前から8％台が続いてますよね。」

P6「うん。ここのところ仕事が忙しくて、どうしてもきちんとした食事がとれないんです。それで、食事の代わりにスナック菓子をいっぱい食べたりして。」

N6「きちんとした食事ができないことが気になっていたんですね。」

P7「運動のことも気になっていたけどね。仕事で家に帰るのがどうしても遅くなって、ずっと運動ができなかったしね。」

N7「仕事のために、食事療法も運動療法もできていない状態がイヤだったんですね。」

P8「だから、もっときちんとした生活さえ送っていれば、まだインスリンを使わなくてもいいのにと思うところもあるし。でも、仕事を辞めるわけにはいかないしね。ただ、インスリンを使えば、食事代わりのスナック菓子の分をなしにできるんだろうなと勝手に考えていたんです。高血糖の状態が続くのは良くないことは知っています。」

N8「血糖値のことは気になっていて、本当はしっかり自己管理をしたいんですよね。それでは、血糖値を下げるために、何かしようと考えておられますか？」

P9「はい。それで、受け身の治療にはなるけど、何とか血糖値を良くしようと思って、インスリン注射を打ちますと先生に答えたのかな。」

N9「受け身の治療ですか？」

P10「食事療法も運動療法も自分で何とかすることで血糖値が良くなる。ところが、インスリン治療は自分は何もしなくても血糖値を下げてくれるからね。そうか！　インスリンに頼ろうとしていた気持ちが不本意だったのかもしれませんね。インスリンを打つようになっても、食事や運動をきちんとすれば、いずれインスリンのお世話にならなくても良くなる

ことだってあるんだしね。」
N10「そうですね。具体的には、これからどんなことをしようと思われますか？」
P11「運動をしっかりするようにします。駅までの行き帰りに、バスには乗らずに歩くようにします。それから、お昼は家内に弁当を作ってもらうようにすれば、少しは変わるかな？」
N11「いろいろと具体的な方法を思いつかれましたね。いつから始めますか？」
P12「今からです。インスリン注射の手技をしっかり覚えることから始めます。」

　**エンパワーメント**（empowerment）ということばは、「権限委譲」を意味する法律用語として、17世紀に使用されるようになったと言われている。その後、1960年代の米国における公民権運動やフェミニズム運動といったさまざまな社会変革活動を支援する考え方として、より広範に使用されるようになった。その結果、このエンパワーメントということばには、本来の「権限を与える、能力を与える」という意味だけでなく、「人間が奪われた力を取り戻して、自立していくプロセス」という意味も付け加えられることになった。そのために、現在では、医療や看護、社会福祉、教育などのさまざまな領域において、「個人が自らの生活をコントロールし、自己決定していく能力を開発するプロセス」をあらわす概念として用いられるようになっている。

　近年、米国において、慢性疾患、特に糖尿病を管理していく方法として、このエンパワーメントという考え方が注目されている。なかでも、糖尿病は代表的な慢性疾患であり、患者自身が病気をうまくコントロールしていく必要がある。しかし、その一方で、自己管理にまったくやる気を見せないといった問題を抱え込む患者が多くなっている。このような無気力（パワーレス）状態に陥った患者に対しては、治療意欲を回復させることが必要である。そのためには、医師や看護師、栄養士などの医療スタッフが患者と一緒に治療

を進めていくパートナーシップ関係を形成することや、患者が成長する力や自己決定する力を尊重するなどのエンパワーメント・アプローチが重要となる。

## (2) エンパワーメント・アプローチによるカウンセリング

次に、このエンパワーメント・アプローチによるカウンセリングを紹介する。患者の行動変化の過程は、前熟考期（まったく行動変化を考えていない、あるいは問題を否認している段階）、熟考期（問題を自分のこととして考え始め、迷い始めた段階）、準備期（行動変化の兆しが見えた、あるいは準備が整った段階）、行動期（行動が始まって6ヵ月以内の段階）、維持期（行動変化が6ヵ月を越える段階）の5つの変化ステージに分けることができる（プロチャスカら、1983）。患者がこの変化ステージをステップアップしていく行動変化の取り組みを医療スタッフが支援するための方法として、次の5つのエンパワーメント・アプローチによるカウンセリング技術が有効である。

### （ⅰ）問題を特定する

患者の行動変化の過程の第一歩は、問題を明らかにすることである。まず最初に、糖尿病を抱えながら生きている患者が、どのようなことを問題と捉えているのか、どのように感じているのかを明らかにする必要がある。

患者が抱えた問題を明らかにしていくためには、患者のこころの中にあるものを上手に「聴く」ことが大切である。また、医療スタッフは患者が自分自身の問題を表現しやすくなる「適切な質問」や「開かれた質問」を行うことも必要になる（事例2のN₂）。

ファネル（2001）は、医療スタッフが患者を一方的に指導しようとするのではなく、適切な質問をすることによって、患者が自らの糖尿病に対する責任に気づき、達成可能な目標を設定して、行動を変えていけるよう援助することが大切であるとしている。

第6章　慢性疾患（糖尿病）看護とカウンセリング

表6-1　患者が問題を特定する手助けとなる質問

・糖尿病をもって生きるということは、どのような感じですか？
・いちばん心配なことは何ですか？
・糖尿病を治療する上で、何がもっとも難しいですか？
・何が問題をそんなに難しくさせていると思いますか？

### (ⅱ) 感情を明らかにする

　エンパワーメント・アプローチの第2段階では、患者が糖尿病であることや、患者自身が変えたいと思っている行動（または問題）について、どのように感じているかを明らかにするように援助する（事例2のN3・N7）。感情や考え方を重視するのは、患者は「どう感じているか」「何を考えているか」を行動にあらわすからである。たとえば、糖尿病であることに怒りを感じている患者が自己管理に取り組むことができないように、強い陰性感情は糖尿病治療にとって大きな障害となる。

表6-2　患者が感情を明らかにしていくための質問

・○○について、どのように感じていますか？
・○○について、どのように考えていますか？
・あなたが○○を感じているのは、どういう理由からですか？

### (ⅲ) 目標を設定する

　糖尿病患者教育においては、医療スタッフが患者と一緒に目標を設定することが大切である。目標設定は、医療スタッフの期待を押し付けるものではなく、患者がどのような選択をするかを一緒に考えていく過程である（事例2のN8）。患者が本当に言いたいことに耳を傾け、患者がその損失と利益を比較検討していくことを援助するのである。目標には、患者がいちばん変えたいと願っている長期的目標（たとえば、体重を減らしたい）と、それに関連した段階的行動変化である短期的目標（たとえば、ご飯を1杯だけにする）があるが、患者がひとたび目標を設定できれば、その目標に到達するための

方法や技術を提供することができる。

表6-3　患者が長期的目標を明らかにするための質問

・どんなことがしたいですか？
・状況を改善するために、行動を起こす気持ちはありますか？
・変化することによって、どんな利益と損失がありますか？
・この状況を考えるとき、1ヵ月後（3ヵ月後、1年後）には、どのようになっていたいと思いますか？

（ⅳ）計画を立てる

　第4段階は、患者が自分自身の行動計画を立てられるよう援助することである。長期的目標の設定は容易であるが、その目標に到達するための一連の具体的方法を特定しない限り、目標の達成は不可能である。そこで、行動計画を作成する方法としては、まず患者に自分の目標達成につながりそうな具体的方法を、可能な限りたくさん考えてもらうようにする（事例2の$N_{10}$）。そのなかから、実行が難しい方法は削除し、残りの方法に優先順位をつけてもらって、実行に移すのである。大切なことは、最初から医療スタッフが目標達成の方法を提案するのではなく、患者に可能な限り多くの具体的方法を考えてもらい、患者が自分で問題を解決できることに気づいてもらうということである。

表6-4　計画達成のための具体的方法を特定するための質問

・効果がありそうな具体的方法について、何かいい考えはありませんか？
・過去にどんなことを試してみましたか？
・望んでいる状態に近づくために使える方法は、どんなものがありますか？
・それがうまくいった、あるいはいかなかったのは、なぜだと思いますか？

（ⅴ）結果を評価する

　行動変化の過程の評価は、最初と最後のところで行うのがよい。医療スタッフの重要な役割は、患者が具体的方法を実行するのを見守ることと、患者

が選んだ具体的方法の効果を患者とともに評価することである。効果がないようにみえる方法も、効果があった方法と同じくらい価値がある。なぜなら、次の自己管理の経験に活かせるからである。

**表6-5 行動変化のための具体的方法の結果を振り返るための質問**

- この具体的方法の結果から、何を学びましたか？
- この目標を達成しようとしたことから、何を学びましたか？
- 次は、どんな違った方法を試してみようと思いますか？
- どんな障害とぶつかりましたか？ その障害を乗り越えるのに、どんな具体的方法を考えましたか？

## 4 おわりに

エンパワーメント・アプローチの提唱者であるアンダーソンとファネル（2005）は、エンパワーメントの概念の起源がカウンセリング心理学にあることを明らかにした上で、「患者に助言を与えたり、何をすべきか教えてくれる援助者よりも、患者の話をこころから傾聴してくれて、患者の意思を尊重してくれて、患者自身の問題解決を支援してくれる援助者のほうがはるかに役に立つ」としている。

糖尿病の自己管理のつらさや困難さを、医療スタッフによって共感的に受けとめられ理解してもらえたならば、患者は自分に寄り添ってくれる人が身近にいると感じられ、ずいぶんとこころが安らぎ癒やされることになるだろう。このような心理的援助を受けることができれば、患者は自己管理に積極的に取り組んでいくやる気や意欲を取り戻せるのである。したがって、糖尿病のために心理的支援を必要とする患者は、カウンセリングマインドに基づく看護の実践を求めているのである。

【レポート課題】
1．「医療モデル」と「成長モデル」に従った糖尿病患者に対するアプローチについて、両者の違いを説明しなさい。
2．糖尿病患者に対するエンパワーメント・アプローチによる5つのカウンセリング技術について説明しなさい。

【参考書】
Anderson, B. & Funnell, M.（編）／石井均（監訳）／久保克彦他（訳）（2008）『糖尿病　エンパワーメント　第2版』医歯薬出版
石井均・久保克彦（編著）（2006）『実践　糖尿病の心理臨床』医歯薬出版

# 第7章
# 失語・失行・失認（脳器質性疾患）の看護・介護とカウンセリング

## 1 はじめに

　失語・失行・失認は脳の器質的損傷のため、言語や行為や認知が障害された状態で、**高次脳機能障害**とも言われている。高次脳機能障害は**神経心理学**の分野である。その神経心理学的な言語障害の失語症は、脳梗塞や脳出血や交通事故などの脳損傷のあとに起こる。

　**失語症**は脳の言語野およびその周辺の損傷で（図7-1）、程度の差はあるが、聞く・話す・読む・書く・計算の言語聴覚が障害される、言語の統合障害で

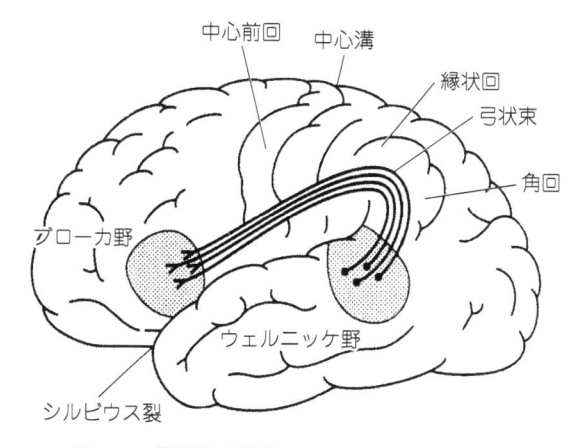

**図7-1　言語野の構造**（Noback, 1991から改変）
ウェルニッケ野・角回・縁状回からなる後方言語野と、ブローカ野を中心とする前方言語野をつなぐのが弓状束

ある。決して話すことだけの障害ではない。ことばが出にくいのならひらがなの50音表を使えばよいと思いがちだが、失語症は言いたいことばを思いつかない、字が読めないことが多い。50音表を提示しても、どれがどの字かわからないので使えない。病前に比して話しにくく、ことばを理解しにくくなる。損傷の大きさや脳の部位によっては一言もことばが出てこないこともあり、人として大切なコミケーションがとれなくなる非常につらい障害である。

失語症は声の出にくくなった**失声症**とよく勘違いされる。失声症は心理的な問題から声が出なくなる障害である。失声症や喉頭がんなどで声帯を失った患者も言語障害でつらいが、聞いても文字を読んでも理解でき、字を書いて意思を伝えることができ、話すのみの障害である。それでも、表出の大部分を占める声が出ない障害はつらいという。

同じ脳損傷の後遺症で発声や発音が不明瞭になる**運動障害性構音障害**も失語症と間違えないでほしい。運動障害性構音障害は口腔顔面の麻痺により話しにくくなるのであり、やはり聞く理解・読む理解・書いて表現する力は障害されない。聞いて理解する、話す、読む、書くが困難になる失語症のつらさを、まず理解することが大切である。

失語症は脳の損傷が原因であり、失声症とは異なり心理的な問題ではないので、器質的損傷の理解がカウンセリングの前提になる。障害の改善に応じてのカウンセリングが大切である。

失語症の主な6つの分類を表7-1に示す。失語症はタイプによって対応は違うが、本章ではブローカ失語のカウンセリングについて述べる。

看護や介護の現場で失語症の方々と出会った時には、「ことばは理解できるが、話せないだけ」「話せないのなら字を書いてもらえばコミニケーションがとれる」などと思い込まないことが理解の入り口である。まずは病院生活や介護のなかでどこが困っているのか見つけることが大切である。コミニケーションでは言いたいことを伝えられるか（表出）、状況判断ではなくことばが通じているか（理解）を見抜くのがポイントである。表出の力と理解の力がわかれば、対応できる。

表7-1 主な失語の分類 (永井・岩田, 1997を改変)

| | 聞く | 話す | | | | 読む | 書く |
|---|---|---|---|---|---|---|---|
| | 聴覚理解 | 復唱 | 自発語 | 呼称 | 音読 | 書字理解 | 書字 |
| ブローカ失語 | 比較的良好 | 不良 | 非流暢 | 不良 | 不良 | 比較的良好 | 不良 |
| ウェルニッケ失語 | 不良 | 不良 | 流暢 | 不良 | 不良 | 比較的良好 | 不良 |
| 伝導失語 | 良好 | 不良 | 流暢 | 比較的不良 | 比較的不良 | 良好 | 比較的良好 |
| 超皮質性感覚失語 | 不良 | 良好 | 流暢 | 不良 | 比較的不良 | 不良 | 不良 |
| 健忘失語 | 良好 | 良好 | 流暢 | 比較的不良 | 良好 | 良好 | 良好 |
| 全失語 | 不良 | 不良 | 非流暢 | 不良 | 不良 | 不良 | 不良 |

## 2 ブローカ失語と口腔顔面失行・観念失行・構成失行の患者

　ブローカ失語はブローカ野の損傷によって生じ、流暢に発話ができず、復唱も障害されるが、聴覚的な理解は比較的保たれている失語である。

【事例】64歳、男性

　患者は会社員で、定年後も再雇用されていた。右利きで家族にも左利きはいない。

　朝いつまで経っても起きてこないので妻が起こしに行くと意識がなく、救急車で救急病院に搬送された。左中大脳動脈領域の脳梗塞と診断され、点滴で保存的治療となった。医師より後遺症の可能性はしっかり説明されていた。1ヵ月後にリハビリ目的で筆者の勤務する病院に転院した。

　左脳損傷の後遺症で右の足・手・顔面と口腔にも麻痺が残った。当初は車椅子移動だったが、6ヵ月ほどで装具をつけての歩行となった。利き手の右手は完全麻痺でまったく動かない。口元も右側が動きにくく、食事が右の口角からもれる右口腔顔面麻痺もあった。右視野が見えにくい右同名半盲もある。

　身近な話は理解できるが、自ら話し出すことはなく、ことばはトツトツとして出にくいブローカ失語で、自分の意図を表出できない。麻痺のせいだけではなく、口などが意図的に動かせない口腔顔面失行、スプーンを使うとき、

食べるほうの丸いところを反対に持つなど、物をうまく使用できない観念失行もある。左手で立方体を書くと、形を構成できない構成失行（図7-2、84ページ）もあった。

理学療法・作業療法・言語聴覚療法が開始され、さらに心理療法も依頼された。

急性期は認知機能の判定や心理的配慮が中心であった。慢性期には心理療法に写真を取り入れ、障害を受けたあとの人生を受け容れるのを助けた。初回から3年目までを述べる。

## 3　カウンセリングの経過

（i）初回〜3ヵ月

車椅子で来室した。意識もしっかりしていた。「おはようございます」と挨拶しても下を向いたままである。再度「おはよう」と声をかけると、「う・へ・う」のように聞こえる区切ったような挨拶が返ってきた。名前を尋ねると「や…う…よ」と答えようと努力し、簡単な質問は理解していた。発語は促さない限り話すことはない。「ねこ」の復唱も理解しているが、「ね・と」と途切れ途切れに真似をした。しかし6個の絵のなかなら「ねこ」の絵を指差すことはできた。聴覚理解はある程度保たれている。

「目を閉じてください」とお願いすると、しっかり閉じる。しかし「口をとがらしてください」には思い通りに出すことはできず、困った顔をした。麻痺のレベルや理解のレベルではない神経心理学的障害である口腔顔面失行である。「しんどいですか？」と尋ねるとじーと見つめ「し…どー（しんどい）」と返事ができた。ゆっくりこちらから話しかけると返事は返りやすい。妻にもこちらから話しかけるよう、そして失語症は言語の統合障害であるので字も書けない、50音表*も役に立たないと説明した。

鉛筆を右視野に出しても見えない。顔の真ん中に出すと鉛筆が見え左手で

受け取った。右視野が見えなくなっている右同名半盲があった。食事などは目の真ん中より左寄りに置くように話をした。

　鉛筆を持っても芯を上にする。非利き手の左手で何とか持ったが、名前も書けなかった。鉛筆などものをうまく使用できない観念失行である。入院生活でもスプーンが使えず、テレビカードが入らず困っていた。妻は認知症と思い落ち込んだ。認知症ではなく観念失行であり、後遺症として残る可能性はあるが、徐々に取り戻すことが多いと説明し安心させた。一方で失語の理解は難しく、何回も説明する必要がある。2ヵ月後には、構成失行があっても、立方体の見本を見ながら鉛筆を持って書けるようになった。

　**3ヵ月**　トツトツながら話しかけに応じて返事が返ってくることもあった。時には下を向いて涙ぐむこともあった。黙って見守り、気持ちが落ち着くのを待った。

　リハビリーションからの報告で右下肢は装具での歩行が可能であること、観念失行は徐々に改善しつつあること、ブローカ失語が重度であることなどが報告された。

　ここで症状をまとめておこう。

① **神経学的レベル**　右上下肢麻痺　右顔面口腔麻痺　右同名半盲
② **神経心理学的レベル**（高次脳機能障害・失語・失行・失認など）　ブローカ失語　観念失行　構成失行　口腔顔面失行
③ **心理学的レベル**　障害の悲しみ　障害の受容

(ⅱ) **4ヵ月から1年**

　リハビリにも熱心に取り組み、さまざまな機能障害は徐々に改善した。装具をつけて杖歩行できた。左手も観念失行があっても、食事をとり、歯ブラシや鉛筆も使えた。構成失行も5ヵ月には立方体の形には書けた（図7-2）。

---

**50音表**：50音表は、ことばを思いつき、その字が理解できないと使用できない。「みず」を飲みたい時は、「みず」を思いつき、50音表の中から「み」と「ず」を選び出す必要がある。失語では、「みず」と思いつかず、「み」の字も「ず」の字も思いつかず、書けないし、選び出せない。

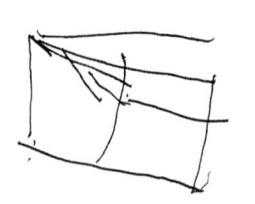

図 7-2　患者の構成失行 ―― 立方体の模写

6ヵ月で退院、外来での通院となった。

**6ヵ月**　ブローカ失語も少しずつ改善していた。「今日の調子は？」とのカウンセラーの問いかけに「ちょうは［今日は］…」とうなずいたので、「いいんですか？」と続けると、さらにうなずいた。出そうとしている発音とは違う音韻性錯語がある。「食欲は？」と問いかけると「うだい［うまい］」。流れから話を受け止め会話を続ける。満足そうに帰る日もあった。

**1年**　観念失行はまだ残っており、電車の切符の自動販売機にお金が入らずイライラすることもある。右手は完全麻痺で改善していない。ことばはゆっくりながらも文章レベルで話すことができる。

しかし、かえってこの時期に「まだ治らないのか？」と考え込むようになった。失語症は、この時期まででまだ中等度に残っていると軽快は難しい。まだまだ改善するが、失語症が残り話しにくいことを説明すると、「どのたいど（程度）？」と聞き返す。発症当初はおそらく改善すると思っていた障害が、1年経っても思う通りに表現できず、先の見込みがないように思うようであった。この思いは妻も同様であった。障害に対する思いは真剣に受け止めるしかない。生半可な慰めはカウンセラーとの信頼関係をつぶす。何度かの「治るか」「どの程度」「いつまで」と投げかけられる疑問に「まだ良くなります。でも限界はあります」と答えた。会社はすでに退職しており、家での生活であった。

(ⅲ) 1年～2年

心理的には落ち込んだり、元気になったりの繰り返しで、しばしば「死ん

だほうがよかった」と涙ぐむことがあった。時には1週間ほど食欲もなく眠れない日があり、抑うつを疑い、妻に2週間以上続いたら必ず受診するよう助言した。

　**1年過ぎ**　装具も短くなり、ひとりで外出も可能だった。切符の自動販売機はお金が滑り込むタイプの新型であると容易であった。

　日常生活はほとんど家でテレビを観て過ごしている。妻は留守番している夫を考え、買い物を必要最低限ですませている。夫婦の会話も通じないことがあり、夫は苛立っていたが、何とか受け止めていた。

　会話は「今日は … とうしが（調子が）よくて …。そ　それで・も　かんええ・ると（考えると）いやな …」…（日もあるんですか？）「そう」時には自分から「テレビで … やとう（野球）みて・て勝った」と話す。まだ途切れたリズムの障害であるプロソディ（話しことばのイントネーションやリズム）の障害がある。妻は時々、同室するとことばの改善を喜んだ。

　**1年6ヵ月**　このときの標準失語症検査のマンガの説明の書字を示す（図7-3）。非利き手の左手であるが、何とか表現している。ことばが思いつきにくい（歩くなど）構成失行による文字の形が（帽　飛）がおかしい。「コロコロ帽子とうとうした」は「コロコロ（ころがった）帽子（を）とろうとした」だと思う。音が正確に字に書けず、助詞が抜けている失文法もある。

　**1年8ヵ月**　子どもたちが集まったとき、以前なら自分から家族写真を撮っていたと妻から聞いたので、写真を撮るようすすめた。部屋にあったデジカメで左親指でシャッターを切るよう教え、カウンセラーを撮ってもらった。少しぶれたが、撮ることができた。ぶれた画像を消して再度挑戦。デジカメはすぐ確認できる。どうも思ったよりきれいに撮れたようで、「これできる」と満足そうであった。すすめるだけではなく、現実的にやり方を教えることが大切である。

　すぐにズームも片手で操作でき、次には家族写真を持って来室し、子どもたちを紹介した。その次は庭の植木を写して持参した。デジカメの次にすすめたのは携帯である。携帯はたしかにデジカメに比べると画像が鮮明ではないが、いつでもどこでも持ち歩くことができ、デジカメを持たずに外出して

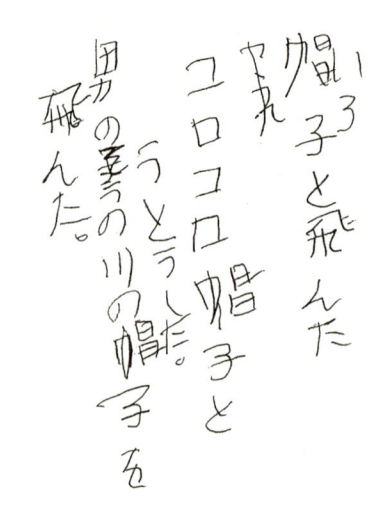

**図7-3 標準失語症検査 まんがの説明**
失書 「歩く」などが思いつかない
構成失行による文字の形が（帽 飛）がおかしい
とろうとした→とうとうした。などの誤り 助詞の誤り

も撮れる。ブローカ失語になってからは携帯を持たなくなっていたが、カメラの機能があるので持ち歩いてみてはとすすめたのである。心理療法のときには家からの道順を「○○駅で … △△　降りて　歩いて（途中の看板）ここ（病院）」と教えた。必ず携帯かデジカメを持参して写真を見せてくれる。ひとりで外出し、やがて妻の携帯に「もしもし　○○」と、初めて居場所を伝えた。妻は夫がひとりで外出するのが心配だったが、携帯を持つようになってからは喜んで送り出した。

　気に入った写真をプリントして持参する場合もあり、プリントした写真は写真帳に貼るようすすめた。写真集ができあがった。

　**1年11ヵ月**　お墓参りに行き、お墓と花屋の店先の写真も一緒に見せる。まるで、お墓に入りたいような気持ちだったが、鮮やかな花にも目を向けられるようになったというメッセージのように受け止められた。ブローカ失語

が改善傾向にあっても、こころの内面をことばで表現するにはいたらない。写真は制限されたなかで、大切な自己表現にもなった。神社の狛犬の写真は、叫びたい気持ちを表現しているように思えた。

### (ⅳ) 2年目以降

「このあいだ　先週に　それで…　おいしいお店で　おそばを食べた」と自分から話し出す。蕎麦屋の名前を聞くと写真を見せた。写真はコミュニケーションの手助けにもなった。

ある日、妻とやってきたが、2人とも沈み込んでいる。ひとりになり「どうしたんですか？」と聞くと「…けんか」と答える。しばしば苛立ち声を荒げることは、妻からの報告で聞いていた。発症以来、妻は我慢していたようであった。どうもこの日は、妻が我慢できず、けんかになったようである。「朝　えらく　言うから・怒った」と話すが、ちょっと腑に落ちない様子である。少し早く心理療法を切り上げ、妻と話した。妻は後悔していた。予約時間が迫っているのにグズグズしているので、妻が催促したところ「うるさい」と怒鳴られ、さらに「わかってる」と言われ、妻を無視したように顔をことさらゆっくり洗っているので、妻は怒鳴り返した。驚いて妻に言い返し、けんかになったようである。夫は妻の説明を横で聞いて、納得できたようだった。妻がこの長い間、苛立ちを受け止めてきたやさしい気持ちの持ち主であること、そして今やっと、障害を受けた夫に怒鳴り返したことは、障害があっても夫婦として再度気持ちをぶつけられる存在にまで回復したということだと説明した。2人そろって顔を見合わせ、帰っていった。

障害を負うと、それまでの家族関係は一変する。もう一度以前のお互いの存在に戻るまでには、長い月日が必要である。この、対等の夫婦げんかが出ない場合も少なくない。

銀杏の木やきれいに色づいた紅葉・青空を写してくる。自然に目を向けた写真も増えた。被写体を探しカメラを向けている姿を想像すると、今後も紆余曲折はあるだろうが、落ち着いた生活が続くように思われた。

【レポート課題】
1．この章を読んで、ブローカ失語と失行の患者の各時期で重要と思われることをまとめなさい。
2．写真を取り入れたカウンセリングについて、意見を書きなさい。

【参考書】
岩田誠（1996）『脳とことば』共立出版
横張琴子（編著）（1997）『生命の灯ふたたび』インテルナ出版

## 第 8 章
# 妊娠・出産と
# カウンセリング

## 1 はじめに

　総合病院の産科病棟のある一室。3 日前にひとり目の女の子を産んだ A さんは、悲しくてしかたがない。妊娠中は夫とともに新しい生活に夢を膨らませ、保育士として大きなお腹を抱えながらも忙しく働いた。経過は順調であったが、もうすぐ産休に入るという妊娠 33 週で突然出血、そのまま出産となった。お産自体は比較的順調だったが、やや小さく生まれ呼吸機能が未熟だった赤ちゃんは、NICU（新生児集中管理室）に入院となってしまった。赤ちゃんに会えた嬉しさよりも、自分のせいで早産になってしまったのではないかという思いで A さんは自分を責めた。皆大丈夫だと励ましてくれるが、赤ちゃんにも夫にも申し訳なく、何より赤ちゃんと一緒にいられないのが悲しくて、隣の B さんの赤ちゃんの泣き声を聞きながら涙が止まらない…

　隣の B さんは、A さんが羨ましくてしかたがない。お産は難産だったが回復は順調で、翌日には赤ちゃんが同室になった。2 時間半ごとのおっぱいやオムツ交換、その上赤ちゃんはよく泣く子で、B さんは横になる暇もない。高齢出産の B さんの実家は遠方で母親はすでになく、義母は病気の義父の世話で余裕がない。40 代の夫は仕事で忙しく、仕事帰りに毎日病院に来てはくれるが、赤ちゃんの写真を嬉しそうに携帯におさめると、洗濯物を抱えて慌ただしく帰宅してしまう。B さんの疲れた様子を察した助産師が、赤ちゃんを新生児室に預けて一晩ぐっすり眠ってはどうかと提案してくれたが、皆

と同じようにやりたいと断ってしまった。隣のAさんは、やさしそうなご主人や両親がかわるがわる話し相手になり、同僚らしき友人の訪問も多い。羨ましい思いをふりきろうと赤ちゃんを抱っこしておっぱいを含ませるが、赤ちゃんはなかなか上手に飲めずにぐずってしまう。「こっちが泣きたいわよ」と、Bさんが思いをぶつけられる相手は赤ちゃんしかいない……。

## 2　母親の心理

### （1）母親の心理の特殊性

　妊娠中、出産後の母親の心理は、妊娠に対する受け止め方や家族の支援の有無、また自身の体調によって大きな影響を受ける、非常に繊細なものである。不安と期待、女性としてかけがえのない経験をしている誇らしさから幸福感にあふれている場合もあれば、心身の変化を受け容れられず、日々ゆううつな思いで過ごしている場合もある。

　一般的には、新しい命を身体に抱え、外界から守り育てているという身体的な状況からか、外界の刺激に対して敏感になることが多い。また、胎児も含めた自分の身体への関心が高まり、守りたい気持ちが強くなるために、許容範囲が狭くなったり、自己中心的に見えることもある。

また未知の体験である出産に不安をいだくのは無理もない。出産の過程は個々に異なるとはいっても、実際には助産師や家族の励ましやいたわりによって無事乗り越えられる場合が多く、強い不安が困難な出産につながるわけではない。出産自体は大変であっても、それは苦労や大変だった体験として語られ、ねぎらわれることで、心理的には整理されていき、次の具体的で実際的なこと（命名や母乳、赤ちゃんの様子など）へと関心が移っていく。

### (2) 産後の心理

産後は、何より身体の回復が必要である。出産までの不安・緊張からの開放、出産の疲労、急激なホルモン変化と体型の変化など心理的にも身体的にも大変なこの期間、家族の関心は赤ちゃんに向き、母親の不安定さが見過ごされてしまうことも多い。出産は祝うべきことであるが、母親にとっては胎児との一体感を失い、幸福な妊娠期が終わり、これから始まる母親役割への適応が迫られる、心理的にも激動の時期であることを忘れてはならない。母親の心身への関心と配慮を家族とともに十分に母親に示し、母親自身のことばに耳を傾けていくことが必要である。

また、産院や病院での出産で、いやおうなく他の母子との違いが目に入り、赤ちゃんの大きさや母乳の量が強烈な劣等感や自信喪失につながりやすいのもこの時期の特徴である。たとえば帝王切開での出産も、増えているとはいえ自然分娩「できなかった」と経験される。さまざまな劣等感が、自責感や育児への過度のプレッシャーにつながっていないか注意が必要である。

## 3　産後に注意すべき精神症状（不眠・うつ・強迫症状）

妊娠中は比較的安定した精神状態であることが多いのに対し、産後は先に示したような心身の激動期であるために、家族の支援がなかったり養育に不安があるなどの社会的な要因があったり、また、もともと繊細であるとか赤

ちゃんに心配なことがあるなどさまざまなきっかけにより、母親は**精神症状**を呈しやすい。

　もっとも注意したいのは、**不眠とうつ状態**である。助産師や看護師が母親の心身の回復を助け、育児指導をする過程で母親との会話を通じ、睡眠・食事の状況や心理状態を把握し、不眠やうつ状態の可能性がある場合には、本人の思いを聴いた上ですみやかに家族と連携して、適切な睡眠をとりやすい状況を作ることが必要である。

　他者を過敏に意識してしまう場合は個室にすること、安心できる家族（母親や夫）の付き添い、赤ちゃんの預かり、睡眠薬の使用などを適宜行いながら、この時期にはなりやすい状態であり必ず回復すること・子育てもできること・必要な援助は続けることを保証して経過を見ていくとよい。

　ときには**強迫症状**（「赤ちゃんの目を傷つけてしまいそうな気がする」と話したり、「寝ているうちに赤ちゃんが死んでしまうのではないか」と呼吸を確認したり、清潔保持のための手洗いが増えたりなど）があらわれることもある。産後の一過性のものが多いが、長期に続く強迫神経症となることもある。睡眠・休養が何より大切であるが、母親は自分自身の強迫症状に混乱している場合が多いので「赤ちゃんを大事に思うからこそ、思ってはいけないことや最悪のことが浮かんでしまうのでしょうね」「赤ちゃんに対しての責任を感じすぎてそんな不安が出てきてしまうのかもしれませんね」と、強迫症状を否定するのではなく、母親が受け容れやすい説明を与えることで、不安に耐えられるようにはげましていきたい。

　もちろん可能であるならば、すみやかに臨床心理士や精神科医の援助を得るとよい。それが難しくても、母親の思いと体調に関心を示し、十分な睡眠と休養が確保できるように助けることによって、かなり産後の問題が防げる（少なくとも軽症化できる）と考えられるので、看護師や助産師の問題意識をもった早期の心理的支援の重要性を強調したい。

## 4 さまざまな心理的危機

### (1) 赤ちゃんの入院

　親は、赤ちゃんの誕生後の生活を楽しみにしながら必要なものをそろえはするが、赤ちゃんの病気や障害へのこころの準備はほとんどなされていないと言ってよい。

　実際には早産によってNICUに入院し、「この週数での生存率は〇割です。生存できた場合の後遺症はこのようなことが考えられます」と医師から告げられることもあるし、呼吸障害、低体重や低体温、染色体異常や奇形がある場合など、赤ちゃんが入院となる場合も少なくはない。もちろん小児科医は、両親の精神状態に配慮した説明を行っているが、どのように伝えてもその事実は家族にとって衝撃であり、家族のショックははかりしれない。

　また、母親にとって出産直後は特別な時期である。出産によって胎児との身体の一体感を失い、赤ちゃんと対面したのもつかの間、入院によってさらに赤ちゃんから引き離される。母親は出産後、赤ちゃんを見、触れ、においをかぎ、泣き声を聞き、また母乳を与え、見つめあい、目を閉じていてもその気配を隣に感じることで喪失の傷つきを新たな出会いとして体験し、情緒的な一体感を徐々に形成していくものである。その出産直後の貴重な時期の母子分離は、母子ともに危機的なつらい時間となる。

　冒頭で紹介したAさんは、助産師に赤ちゃんに面会に行くことと、そこで時間を過ごすことをすすめられた。その後Aさんは日に何度もNICUに面会に行くようになり、そのベッドサイドこそが自分の居場所だと感じたという。

### (2) 赤ちゃんが早く・小さく生まれた場合

　赤ちゃんの早産は、感染、胎児や母親の身体に由来する問題、外部要因

（交通事故などの外傷）などさまざまな理由で起きるが、それが何であれ母親は満期まで共に過ごせなかったことにショックを受け、赤ちゃんの小ささやその後の発達の心配にこころを痛める。家族に対して罪悪感をもつこともあるし、自責感からうつ状態になる場合もある。

　このような場合でも、もちろん赤ちゃんの誕生は祝うべきことであると祝福し、母親の心情に配慮しながら赤ちゃんの状態を説明し、母親と家族の思いを丁寧に聞いていくことが大切である。低出生体重児も多く、また20数週での出産の救命率も上がっている昨今であるが、母親にとっては「かけがえのないわが子の人生のスタートにおいて、自分のせいでハンディを負わせてしまった」という思いは大きく、またその後の発達をうまく思い描けず、自分と子どもの生活を悲観的に受け止めてしまうこともある。

　しかし実際には赤ちゃんと触れ合い、かかわりをもつことでしだいに安定し、目の前の（小さな）赤ちゃんがかけがえのないわが子であると受け止め、情緒的なつながりが深まっていくことで現状が受け止められていくことが多い。混乱した自責的な精神状態であることを受け止めつつも、出産直後の心身の疲労回復を援助し、母子（父子）の早期接触を進めていくこと、そこで両親が感じるこころの動きを言葉にして伝え返しながら見守り続けることが大切である。

### (3) 赤ちゃんの障害

　五体満足ということばは、生まれてくる赤ちゃんに対する期待として自然に用いられてきたが、実際には、障害をもった赤ちゃんの誕生も多い。心臓奇形を伴う染色体異常であるとか分娩時の問題による脳障害であるとか、命にかかわるものから生涯の生活の援助が必要なもの、美容上の問題、発達上の問題などさまざまである。その事実は多くの場合、出産直後の母親の心身疲労に配慮してまずは父親に伝えられ、その後母親に伝えられる。注意すべきは、その時期は母親が敏感な時期であること、赤ちゃんとの情緒的なつながりをこれから作っていく大事な時期であること、家族支援が何より大事な

ことである。父親も含めた家族が、障害をもつわが子といかに絆を作っていくかという過程に寄り添っていくことが大切である。

### (4) 赤ちゃんの死をどう受け止めるか

　妊娠後期や出産時の胎内、また出産直後の赤ちゃんの死の衝撃は、両親のみならず周囲に大きな影響を与える。その心理的反応もさまざまである。ある家族は、亡くなった赤ちゃんと一緒に病室で過ごし、悲嘆にくれながらも触れ合いを大事にし、家族写真を撮り、母乳を口に含ませるなどして濃密な時間を過ごしながら、赤ちゃんとの別れを必死に受け止めようとした。またある家族は、母親を悲しませまいと、赤ちゃんの亡きがらを母親に見せずに、火葬や葬儀などを進めようとした。

　それぞれの家族がどのように過ごすのがもっとも望ましいかは一概には言えないが、母親にとっては、半年以上共に過ごした胎児はもうなかったことにはできない存在である。きちんと対面し、死を受け止め、悲しむ時間を家族と共有することが大切であろう。

　「何もしてやれなかった」「抱いてやることもできなかった」「守ってやれなかった」など無力感や自責感にさいなまれているときだからこそ、家族の思いを聞き、家族の精神状態を丁寧に見極めながら、抱くことや触れること、体を清めることや髪を整えること、服を着せることなどを可能であれば促し、家族としての時間をもつ援助をし、その思いを受け止めていくことをこころがけたい。

### (5) 赤ちゃんの死をどうこころにおさめるか

　そのようにして母親が退院したあとに、家族はまたつらい時間を過ごすことになる。産後の準備が整っている自宅に戻ること、事情を周囲に説明することの負担、何より出産を生活の中心においていた時間から一変した生活の変化に対応できない。また赤ちゃんはいなくとも産後の急激なホルモン変化

や心身の疲労から、産後のうつや不眠は十分にありうるし、産科の健診の予定や、友人やかつての妊婦仲間とのかかわりなど心労は耐えない。

そんな中、悲しみは同じくらい深くとも、仕事や社会生活に戻らざるを得ない父親の現実的な言動が、悲嘆と空虚感を抱えた母親にとっては孤独感を募らせることもある。悲嘆を当然のことと理解していた周囲も、時間とともに元気になることを母親に期待するようになり、母親自身も、生活はできるようになるがこころが取り残されることになる。

家族を失った深い悲しみはずっと消えることはないし、泣けてしまうことはあって当然というスタンスで、母親（父親）の思いをことばにできる場を提供し、話したいときにはいつでも聴くという姿勢を示したい。多くの親は、赤ちゃんが自分にもたらしたもの、教えてくれたこと、赤ちゃんによって得たものを探し、その存在の意味を繰り返し問い続けながら気持ちを整理していく。

## 5　妊娠・出産とカウンセリング

ここまで述べてきたこと以外にも、望まない妊娠、中絶、不妊、多胎妊娠、出生前診断、母親自身の病気、父親の不在など、妊娠・出産に関してはさまざまな心理的危機がある。もちろん、一見大きな問題なく見える両親と赤ちゃんの間にも、たとえば親自身がどのような乳幼児期を過ごしどんな両親との関係をもっていたかということも影響する、繊細かつとても大きな心理的な問題が存在している場合もある。

大切なのはこの時期特有の心身の特徴をふまえた上で、その人の状態を見極め、必要な支援を提供することである。母親のこころと身体両方に関心を払うことはもちろん、母親はじめ家族の心理社会背景を把握し、赤ちゃんも含めた家族全体を視野に入れて一人ひとりと丁寧にかかわっていく必要があることを忘れてはならない。

## 【レポート課題】

1. あなたの姉が高齢で妊娠し、羊水検査などの出生前診断を受けようかどうか悩んでいるとあなたに意見を求めてきました。羊水検査、出生前診断について調べ、あなた自身の考えをまとめ、その上で姉にどう話すかを述べなさい。
2. 出産間近の赤ちゃんが子宮内で死亡した場合、その赤ちゃんはどのように胎内から産まれ、人びとはその赤ちゃんとどうかかわると思いますか。実際のその赤ちゃんの亡きがらがたどる過程を想像し描写しなさい。そして、もしあなたがその赤ちゃんの家族の一員であった場合、赤ちゃんにどのように接したいか述べなさい。

## 【参考書】

坂井律子（1999）『ルポルタージュ　出生前診断』日本放送出版協会
竹内正人（編著）（2004）『赤ちゃんの死を前にして ── 流産・死産・新生児死亡への関わり方とこころのケア』中央法規出版

## 第9章
# HIV 看護と カウンセリング

## 1 はじめに

　HIV とはウィルスの名前で、Human Immunodeficiency Virus（ヒト免疫不全ウィルス）の頭文字をとった略称である。HIV は HIV 陽性者の血液中や、精液・膣分泌液・母乳などにいて、これらの体液がほかの人の粘膜（たとえば、眼・口の中・尿道の先・膣や肛門の中など）や、傷ついた皮膚に触れると感染する可能性がある。HIV が体内に入ると、白血球の一種である CD4 陽性リンパ球という細胞に感染し、徐々に CD4 陽性リンパ球を破壊し、免疫のはたらきを弱くしていく。

　治療の進歩によって、HIV 感染症は 1 日 1 ～ 2 回の内服薬でコントロールが可能な病気となってきた。感染が判明したあとも外来通院しながらそのまま通勤・通学している方も多い。しかし、完治する病ではなく、薬を飲み続けなければならず、いまだに社会からの理解不足や偏見が伴う病気でもある。また、現在、HIV 感染症は性行為によって感染することが多いため、HIV 感染症の身体症状へのケアのみならず、性行為、つまり人間関係やセクシュアリティにも配慮が必要である。

　よって HIV 感染症の治療は、薬を服用するのみならず、HIV 感染によって引き起こされるさまざまな問題への支援が求められる。そのため、さまざまな職種でチーム医療を実践することが大切である。本章では、カウンセリングや援助的なコミュニケーションの視点から、仮想事例をもとに HIV 陽性

者への支援を考えていく。

## 2　HIV感染症／エイズ患者の事例

【事例】クライエント：Aさん（35歳）

　　　Aさんは既婚の男性で、大学卒業後、技術職として就職。その後、結婚し、妻と5歳の子どもの3人暮らしである。

　　　呼吸困難症状で受診し、精査にてHIV感染が判明した。そのころより、気分の落ち込み、入眠困難、意欲低下などの訴えが始まる。HIV陽性であることは、妻子共に未告知である。Aさんは妻への感染告知を諸々の理由により躊躇している。そのような状況のなかでAさんは、医師と看護師より、妻に病名を告知し、妻がHIV抗体検査を受けられるよう説明を受けている。

【場面1】
　　看護師「HIV感染症は、コンドームを使用しない性行為で感染します。奥さんとの性交渉では避妊していましたか。他の女性との性交渉のときは避妊していましたか。」
　　Aさん「妻とは子どもができてからは、ほとんど性交渉はありません。他の人とは……」

## 3　援助的な質問とは

### (1) セクシュアリティの多様さ

　看護師は、妻や他の者への感染リスクをアセスメントするために端的な質問をしている。しかし、その質問は2つの大きな問題を含んでいる。
　まず1つ目は、男性であるAさんの性交渉の相手は女性であると限定し、

援助的なコミュニケーションを阻害している点である。看護師の「他の女性との性交渉のときは」ということばを聞き、Aさんは「男性と性交渉のとき」について看護師は想定していないということを察してしまう。一般社会がもっている婚外性交渉や男性同士の性交渉へのイメージも影響し、Aさんはこの場で男性との性交渉について語らなくなる可能性が高い。「避妊」ということばを使用している点も同じである。コンドームの使用をあえて「避妊」と表現する場合は、男女の生殖を前提にコンドームを使用した性交渉の際の使用であり、男女以外の性交渉は前提とされていない。

限定された表現は、Aさんの多様なあり方を無視しているかのように伝わってしまう。多様なあり方を前提に、たとえば、「性交渉のときにはコンドームを使用しましたか」という聞き方や「性的なパートナー」といった表現が望ましいであろう。

### (2) 開かれた質問

次に、「他の女性との性交渉のときは避妊」という表現を「他の性的なパートナーとの性交渉のときはコンドームを使用していましたか」という表現に変えたとしよう。Aさんの性的な対象が限定されず、Aさんの生活に即した返事ができるようになっている。しかし、「使用していましたか」という質問は、コンドーム使用の有無しか聞くことができない閉じられた質問である。HIV感染を予防する工夫は他にもあるかもしれないし、使用しているときもしていないときもあったかもしれない。多様な可能性を聞くためには、答えが限定されない**開かれた質問**が有効となる。本事例のような場合では、「他の性的パートナーとはいかがでしたか」と質問するのもひとつである。

### (3) 援助的なコミュニケーション・スキルのチェック

各専門に基づく支援や介入の成否は、当事者であるHIV陽性者がその介入を受け容れ、実践に移していくかどうかにかかっている。そして医療者と

HIV 陽性者がどのような人間関係を築いているかによっても支援の効果は変化するものである。

　また、HIV 陽性者は周囲に理解者を得るまでに時間がかかることがあるため、医療者は心理的サポーターとして存在することも大切である。さまざまな困難を抱える HIV 陽性者に対する医療機関の公正で誠実な対応が、その後の HIV 陽性者の主体的な社会参加への支援につながる。よって、期待する結果を実現するためには、医療者の専門知識や技術の基盤として、援助的な人間関係を築く能力が必須となる。そのためには、かかわり行動・態度とかかわり技法を事前にチェックしておくとよい（『HIV 診療における外来チーム医療マニュアル』p.60-62 参照）。

### (4) 自分の価値観・感に気づく

　HIV／AIDS は、HIV 陽性者のみならず、あらゆる人の感情を刺激する。ことに性感染症という側面もあるため、HIV 陽性者や、その援助に携わる**援助者側の価値観・感**を自覚しておくことが肝要である。援助者側がもっている印象を排除するのではなく、自覚していくことをめざすのが実際的である。無自覚であるより自覚している場合のほうが、援助行動はある程度統制していける。

【場面 2】
　　**看護師**「HIV 感染症は、多くはコンドームを使用しない性行為で感染します。奥さんとの性交渉ではコンドームを使用していましたか。他の性的パートナーとはいかがでしたか。」
　　**Aさん**「妻とは子どもができてからは、ほとんど性交渉はありません。実は、妻が子どもを妊娠したころから、他の人と……。なので、妻や子どもには感染していないと思うんです。」
　　**看護師**「奥さんが妊娠してから性交渉がないので、奥さんやお子さんには感染していないとお考えなのですね。それでできれば、奥さんにお話に

なりたくないという思いもおありなのでしょうか。」
Aさん「ええ、そうなんです。妻が子育てで大変な時期に、他の人と、というだけでも申し訳ないのに、加えて相手が男性なんです。妻にはそんなことは話せません。私にとって妻も子どももこれからも大切な家族なのです。でも……、こんな病気になって、家族を養っていけないかもしれませんよね。」

## 4 HIV感染症の苦悩

### (1) HIV感染症は「関係」に生じる苦悩である

Aさんは、HIV感染症であることを妻に知られることで、さまざまなものが失われるのではないかと不安のようである。HIV感染症にはいまだスティグマ（社会的なマイナスのレッテル）が付きまとい、社会的関係やサポートシステムへのアクセスがしにくいという現状がある。多くのHIV陽性者が、20歳〜40歳台の性的に活発な年齢であり、親密な人間関係を築く際、HIV感染症は人間関係の間に影を落とす。社会との関係や人間関係、性的関係、自分自身の気持ちとの関係にHIV感染症は影響を与え、HIV陽性者に苦悩をもたらす。HIV感染症は、あらゆる「間」に苦悩を生じさせる。

### (2) HIV感染症は「ライフ（life：生命・生活・人生）」のあらゆる側面に影響を与える

HIV感染の告知は、今までの自分（identity）に「HIVに感染している」という情報を加えることになる。しかし、そのことは単なる新たな情報が加わったということだけですまない。周りに知られないように、今までの自分を維持しながらも、こころの内では、自らの健康状態や、家庭や仕事などの社会生活、人との付き合い、これからの生活と、あらゆる面での不安を抱える

ようになる。

　他の疾患と同様、喪失体験や、QOL（クオリティ・オブ・ライフ Quality of Life の略語）の低下、身体機能の衰弱や死への恐怖、不確かさへの対処など心理的課題が HIV 陽性者にのしかかる。つまり、HIV 感染症は患者のライフ（life）の3つの側面（生命・生活・人生）に影響を与えるということである。

　HIV 陽性者が体験しているかもしれない世界を一方で想像しながらも、もう一方でその想像にとらわれないようにし、援助的なコミュニケーションをはかっていくことが大切であろう。

## 5　想定しうる難問発生状況

### (1) 伝える／伝えない

　告知を受けたあと、たいていの HIV 陽性者は病気のことを「誰かに伝えるかどうか」について悩む。医療従事者は正しい情報を HIV 陽性者に伝え、HIV 陽性者の逡巡に付き添いながら支えていく姿勢が重要である。たとえ医療従事者が正しい対応を示し諭したとしても、それは HIV 陽性者にとっては、頭ではわかるが……、といった戸惑いを感じさせてしまうものである。

　特に正しい方法が理解されているはずなのに実践されない場合は、この実践しないという行為の背後に感情的なわだかまりがあることが多い。そのような場合、臨床心理士やカウンセラーと相談するようすすめてみてもよいだろう（『HIV 診療における外来チーム医療マニュアル』p.64 参照）。

### (2) 服薬アドヒアランス

　HIV 感染症の治療で重要となる正確な服薬行動に向けての支援は、薬に対する教育のみならず、心理的な支援も重要になってくる。患者が医師や薬剤師などの指示をそのとおりにきちんと守って服薬することを「コンプライア

## 抗HIV療法の目標

- HIV関連罹病率および死亡率の低減
- 免疫機能の回復および維持
- ウイルス量の最大限かつ永続的な抑制
- QOLの改善

**向上 ↑**

**服薬アドヒアランスが重要**

### アドヒアランス不良の予測因子

- 医師と患者の間に信頼関係がない
- 薬物乱用または飲酒の頻度が高い
- 精神障害（うつ病など）がある
- 患者教育が足りず、薬剤に関する患者の自覚がない
- プライマリケアや処方薬を確実に受けることができない（不安定要素）
- 家庭内暴力や差別などがある
- 副作用の体験や恐れがある

**↓ 低下**

### アドヒアランス良好の予測因子

1. 情緒面および実生活上の支援が得られている
2. 日常生活に服薬の習慣を上手に組み込むことができる
3. アドヒアランス不良により、薬剤耐性が発現することを理解している
4. 処方された薬剤をすべて服用することの重要性を認識している
5. 他人の前でも気楽に服用できる
6. 診療の予約をとることができる

**図9-1　服薬アドヒアランス良好・不良予測因子**
（「成人および青少年HIV-1感染者における抗レトロウィルス薬の使用に関するガイドライン」をもとに作成）

ンス（服薬順守）」というが、近年、"指示されたことに従ってもらう"のではなく、患者が"自分自身の医療に主体的に責任をもって参加する"、**服薬アドヒアランス**という考え方が強調されるようになった。図9-1にあるように、アドヒアランスの不良予測因子が観察される場合には早期に対応すること、良好予測因子としてあげられている項目を達成できるように支援していくことの2つの視点が必要である。

### (3) 保健行動

さらに、以下の状況が観察される場合、保健行動が低下する場合がある。

そのような場合は、臨床心理士やカウンセラー、精神科医などと共に対処していくことが必要となる（『HIV 診療における外来チーム医療マニュアル』p.56 参照）。

① 長期の療養生活のなかで社会的、環境的変化や、人間関係の変化、身体状況の変化を体験
② 問題行動や感情統制の困難、精神症状の出現
③ その他、遅延的に生じる感情的な反応や身体症状化された反応

### (4) 物質関連障害（物質乱用など）

物質乱用（違法薬物など）は、身体・精神機能への直接的な侵襲に加え、保健行動や社会生活の低下を招く。一般的にヘビー・ドラッグといわれているものや多量のアルコールの摂取は、服薬アドヒアランスを下げるといわれている（ロバートら, 2001）。また、薬物をセックスドラッグとして使用すると、セーファーセックス（性感染症や HIV に感染するリスクを減らす対応をして行う性行為）が遂行されにくい状況が作られる。物質乱用が観察された場合は、専門家との協働が望まれる。心理的な葛藤回避などのために物質乱用が観察される場合は、葛藤に対処していけるように支援していくため、こころの専門家である臨床心理士と連携していくことが望ましい。

### (5) 人間関係や性行為

HIV 感染症の告知直後には、多くの HIV 陽性者が対人接触を避けたり、性的欲求が低下したりするものである。しかし、時間が経つにつれそれらは回復する。そして、重要な他者に病気のことを打ち明けるかどうか悩み始める。HIV 陽性者の一部において、伝えるかどうか悩むことを回避するため、再び対人接触や性的接触を避けることがある。一方で、悩む暇もないほどに過剰な対人接触や性的接触といった行動に出る場合もある。どちらも心理的葛藤

がこころの内部で葛藤状況として保持されず、**行動化**（葛藤を行動に移すことで不快な状況を回避すること）されているといえる。指導や教育によって行為の修正を行うことに加え、その背景の葛藤状況に焦点を合わせた介入や心理療法が導入されるよう支援する必要があるだろう。

## （6）心理状態

HIV 感染症は、HIV 陽性者にさまざまな心理的影響を与える。それらをアセスメント（評価）することが大切である。HIV 感染症の告知や治療を契機に、精神障害やストレス反応が生じることもある。① 感染の告知や病気を抱えながらの生活によるストレス、② 社会的状況（偏見や差別など）によるストレス、③ もともと HIV 陽性者がもっている脆弱性やパーソナリティの傾向、④ 身体的、脳器質的な障害や、アルコール、薬物の影響などが、その原因として考えられる。

以下のような変化が観察されるときは、臨床心理士や精神科医など、各領域の連携（**リエゾン・コンサルテーション**）が必要になる場合がある（『HIV 診療における外来チーム医療マニュアル』p.22-23, p.63 参照）。

① 睡眠の変化（入眠困難、途中覚醒、早朝覚醒、熟眠感のなさ）
② 食行動の変化（過食、食欲減退など）
③ 対人関係の変化（引きこもり、依存・過剰な期待、話し方の不自然さなど）
④ 外観の変化（着衣の乱れ、体痕、姿勢の不自然さなど）
⑤ 性行動の変化（性欲動の亢進・減退、勃起障害や性的興奮の障害など）
⑥ 保健行動の変化（不定期な受診・服薬など）
⑦ 気分・感情・記憶の変化（抑うつ気分・緊張・不安・恐怖の表明、パニック発作、健忘など）
⑧ その他の変化（不定愁訴、衝動的行為、自傷他害行動、チック、過度の飲酒など）

その他、HIV感染症は、神経精神医学的症状を伴う皮質下の認知障害を引き起こすことがある。また、自殺のアセスメントも必要になってくる場合、精神科コンサルテーションが望ましいだろう（*MGH Handbook of General Hospital Psychiatry*, p.489-512 参照）。

## 6　臨床心理士との連携

### (1) 臨床心理士やカウンセラーに相談を持ちかけるときに

#### ( i ) 動機

臨床心理士やカウンセラーにHIV陽性者を紹介しようとしたときに、何がHIV陽性者の問題か、そして、何が自分（依頼者）の課題かを考えてみると、それだけでHIV陽性者への対処法が開ける場合がある。また、そのように依頼動機を整理することで、話を持ちかけられた臨床心理士やカウンセラーは、何を求められているのか了解しやすくなる。臨床心理士は求められたことに対し、依頼者に直接対応したりHIV陽性者と面接するなどして、プランを検討することができるようになる。

#### ( ii ) 臨床心理士が面接を行う環境の整備

臨床心理士が心理面接を行うようセッティングする場合、以下の3点に配慮すると連携がうまくいきやすいように思われる。

① 物理的環境 —— 面接室などの物理的空間的環境の整備。
② 社会的環境 —— 臨床心理士と組織的に連携するシステムが整備されることで、臨床心理士による支援が継続的で安定したものになりやすい。
③ 心理的環境 —— 医療スタッフが臨床心理士に抱くイメージは、HIV陽性者に伝わることが多い。医療スタッフのもつイメージを意識化するこ

とは、HIV陽性者への無意図的なメッセージの伝達を最小限に抑えられるであろう。

### (2) 相談を持ちかけたあとで

臨床心理士やカウンセラーに依頼したので心理的問題は自分（依頼者）とは関係ないと、切り離さないことが大切である。心理的な介入は任せているとしても、HIV陽性者への対応は続く。急な態度の変化（安心や無関心）はHIV陽性者に余計な不安を与えるので、十分注意を要する。

また、臨床心理士やカウンセラーからのコメントを聞き、理解できないときはその旨を伝え、わかることばで話してもらうよう伝える。そして、自分（依頼者）のかかわる余地やかかわり方を想像できるよう、心理的な仮説を看護場面や受診行動に置き換えて説明してもらうことも大切である。

## 7　おわりに

HIVは身体の免疫システムに侵襲的に入り込むだけでなく、人と人や社会との「間」、個人のこころの隙間に入り込み、人を追い込む。HIV感染症とは「間」に入り込み、危機を生じさせる疾患である。HIV陽性者にとってそれは外傷的な体験である。ハーマン（1992）は、「外傷的な出来事は個人と社会とをつなぐ絆を破壊する」と言い、その「回復は人間関係の網の目を背景にしてはじめて起こり、孤立状態においては起こらない」、「そもそも他者との関係において形成されたものであり、まさにそのように再形成も他者との関係において形成されなければならない」と述べている。そのため、HIVに感染したと告知を受け、他者からどのように見られるかと不安になっているHIV陽性者に対し、医療従事者として、さらに一般社会との窓口として、公正で誠実な対応をしたいものである。

【レポート課題】
1．HIV感染症を告知されたとき、人はどのようなことを考え、感じるのか想像し、そのときにどのような支援が大切になってくるか考えてみなさい。
2．事例のAさんやその家族に、どのような支援ができるのか考えてみなさい。

【参考書】
野島一彦・矢永由里子（編）（2002）『HIVと心理臨床』ナカニシヤ出版
菅佐和子（編著）（2004）『医療現場に生かす臨床心理学』朱鷺書房

## 第10章
# 高齢者看護・介護とカウンセリング
## ── 認知症を中心に

### 1 はじめに

　平均寿命が男女ともに80歳を超え、生涯を閉じるまでの長い老年期の人生について、今までの生活や問題を振り返り整理し直すことや、ある程度諦めて老後を迎えるこころの準備が必要になってきた。
　65歳以上の、特に女性に、うつ病の発症も多い。定年退職・子どもたちの独立、配偶者の死去などで変化する生活形態から、人生に対し喪失感に襲われる。自分自身の健康、体力の衰えや記憶の低下を実感すると、自信や自尊心が保てなくなる。高齢者の人生に寄り添うカウンセリングが大切である。
　このところ社会問題化している大きな問題に、**認知症**がある。
　認知症は（学術的には痴呆）いったん獲得された知識・知能が低下して、通常できていた日常生活ができなくなっている状態である。認知症の判定はもともとの生活ができるかどうかが重要な決め手で、うつ病などとは区別する。
　記憶の障害を**健忘**という。認知症はまず健忘を発症することが多い。忘れたことを覚えている場合は年齢による良性の物忘れで、忘れたことを忘れる状態だと認知症である。
　認知症の人には健忘などの機能障害を総合的に捉え、これらの機能障害が日常生活やコミュニケーションに及ぼす影響を明らかにして、どのような方法を用いればよいか模索し、可能な限り働きかけることである。カウンセラーは認知症の人の思いを聞き、引き出し、理解するため根気よくかかわり、

家族とともに考え、工夫する。認知症のレベルにあわせて残っている機能に訴え、人生に寄り添わなければならない。

　現実に認知症の方と付き合うと子ども返りしている印象をうける方もあり、つい子どもに話しかけるような話しかけをすることもある。現状は人の手を借りねば日常生活が遂行できない。認知症の理解の前提に、その方々が生きてきた人生を一番に考えることが大切である。個々人の人生を思い描くと現在の認知症への経過を理解することにつながり、より現実的に対応できる。

## 2　ある認知症の事例

**【事例】** Oさん（72歳　女性）

　Oさんは、まじめで明るい性格で料理好きであった。女学校を卒業している。夫は75歳、2人暮らしである。2時間ほどの市に長女一家が住んでいる。長女は働いている。

　2～3年前から、徐々に物忘れが進行し、家の片付けに時間がかかるようになっていた。料理が好きで手のこんだ料理を作っていたが、同じ献立が多くなり、夫は不思議に思っていた。日によっては「おかしい。できない」と首をひねり、自信なさそうに考え込んだ。穏やかな性格であったが、財布がなくなったと夫に食ってかかる。同じことを繰り返して話すので、夫も辟易し怒鳴っていた。病初期のころは今までできたことができなくなり、自信や自尊心が低下し、意欲もなくなり、不安や焦燥感が強くなることがある。

　1ヵ月ほど前から食欲がなくなり、昼はぼんやりテレビを見ている。夕方になると少し元気になるが、夜は寝られず悶々とし、急に起きる。夫と長女に連れられ精神科を受診した。

　Oさんは2～3年前からアルツハイマー型認知症（表10-1）が進んできていると思われたが、ここ1ヵ月の急激な変化は、食欲低下などから老人性うつ病と診断された。睡眠導入剤と、うつ病に対して抗うつ剤が処方された。

**表 10-1　アルツハイマー型認知症と脳血管性認知症との比較**

(『老年期痴呆診療マニュアル』を改変)

|  | アルツハイマー型認知症 | 脳血管性認知症 |
|---|---|---|
| 頻度 | 25%〜30% | 50% |
| 性差 | 1：3で女性に多い | 50% |
| 発症と経過 | ゆるやかに発症・進行性<br>症状は固定傾向 | 急性発症で階段状に増悪<br>症状は動揺的 |
| 症状 | 全般性の認知症で高度<br>初期に記銘・記憶障害が目立つ<br>外界に対する注意力低下<br>多幸・抑うつ・妄想・急性錯乱<br>独語・無意味な多動・濫集など | まだら認知症　度合いは軽度<br>初期に頭痛・めまい・しびれ<br>外界に対する注意力は保たれる<br>感情失禁・せん妄が認められる |
| 人格障害 | 初期に著明に障害 | 末期まで保たれる |
| 病識 | 早期に障害される | 末期まで保たれる |
| 神経学的・神経心理学的所見 | 麻痺や言語障害は少ない<br>巣症状は少ない | 運動・知覚障害・痙攣・片麻痺<br>言語障害など巣症状が多い |

カウンセリングにも依頼が入った。

　数ヵ月でうつは改善し、物忘れはあっても日常生活は可能になった。しかし、加齢とともに徐々に確実に認知症は進行した。4年間のカウンセリングはその時期の症状の理解、現実対応を家族とともに模索し、心理的に受け止めた。

## 3　カウンセリングの経過

### (i) 初回面接 ── 認知症とうつ

　顔は能面のようだが、カウンセラーの前では背筋を伸ばしている。夫と長女と来室した。

　名前をきくと答えられるが、年齢は答えられない。体調をきくと「しんどいです」「寝られないです」と答える。ある程度の聴覚理解は保持しており、会話が成り立つ。「大丈夫ですよ。薬をしっかり飲んでくださいね」と話し

かけると、ほっとしたような表情であった。家より病院のほうがしっかり答えると夫が話す。認知症は、他人より家族に対してのほうが強く出る。

年齢や日付の質問には、夫の顔を見て困惑している。日付は月と曜日を答えた。日常的な状況理解が低下している見当識障害がある。野菜の名前は4個しか思いつかず、語想起が低下する言語機能低下があった。改訂長谷川式簡易知能スケール（以下長谷川式スケール）は11点で、中等度の認知症が示唆された。

ここ1ヵ月の急な変化は老人性うつ病だが、背景には徐々に進行しているアルツハイマー型認知症（以下認知症）がある。家族はうつや認知症についてよく理解できないようであった。家族の戸惑いを受け止め、具体的な助言をした。うつについて、医師からだけではなくカウンセラーからも説明した。

うつはある程度の期間で良くなる可能性がある、薬をしっかり飲む、特に認知症がある場合は薬の管理が無理なので、食事のたびに必要な数だけ出す、薬を必ず飲んでいることを確認する、しばしば「あとで飲む」といっても飲み忘れることなど、薬について家族の理解と対応をお願いした。薬の副作用は軽微なことが多く、飲み続けても心配のないこと、むしろ急に服薬をやめるほうが病状を悪化させること、もし気になる副作用が出たらすぐ受診すること、そのときは体にあう他の薬が必ずあるとも付け加えた。長く飲んでも薬の副作用は大丈夫かという質問があり、説明するとOさんも家族も納得できたようである。夫が「薬の管理は僕がするから」と言い、安心したようであった。

生活については、日常生活の家事はできることをできるだけ自分ですること、うつの場合は午後から体が動きやすいので、午後から買い物や散歩に出かけ、体を動かす（体を動かすことは認知症についても効果がある）、物忘れは、財布を探していれば一緒に探して見つける手助けをする、Oさんが見つけるようにするとトラブルが減少すると助言した。

実家を出ている長女は土日のどちらかに訪問し、Oさんを連れ出して夫に自由な時間を作った。

(ⅱ) 第Ⅰ期 ── 1ヵ月から4ヵ月

　2ヵ月後、薬が効き、夜は寝るようになった。食欲も出てきている。買い物に誘っても人の多いところへ行きたがらないので、夕方、近くを散歩した。夫の努力のおかげで週に4日程度出かけていた。Oさんにも、体がだるいなかでの外出をほめると、嬉しそうであった。

　ものごとへの意欲や関心は取り戻していないが、会話はすぐに答えることが多くなった。

　食欲も出てきており、食べたい料理やお菓子の話は意欲的であった。好きなお菓子の名前を繰り返し、話がかみ合わない。認知症には必ずコミュニケーション障害が伴う。その時々でできる会話は、会話療法といってもよいほど効果的である。家族から趣味や思い出などを聞き、会話の幅を広げるよう配慮すると、同じ話の繰り返しになりにくい。

　課題を設定し、有名な短い文章を音読した。小さい声が大きくなり、背筋も伸ばす。声を出すと、表情が明るくなる。「我輩は猫である……」などの文を読んだ後は、満足そうに夫の顔を見た。夫も嬉しそうであった。

　質問をすると夫の顔を窺う。ひとりでのカウンセリングでは不安な顔をするので、夫と同席のカウンセリングを続けた。

　家庭生活は夫が支え、長女が助けた。自信をもって洗濯は干して片付けた。財布は買い物に外出するのを嫌がるにもかかわらず、しばしば紛失していた。夫には日頃よくしまいこむところやクセを覚えておくよう助言し、財布探しは楽になった。

　3ヵ月時のバウムテストは、針葉樹で実がついていなかった（図10-1、次ページ）。

(ⅲ) **第Ⅱ期 ── 5ヵ月から1年、情緒が安定し、自信を取り戻す**

　うつはほぼ軽快、抗うつ剤を徐々に減少した。夜の睡眠導入剤の投薬は続いた。

　長谷川式スケールでは、年齢が可能で記憶課題も改善、野菜の名前も語想起が改善して7個でき、17点に上昇していた。

**図10-1　3ヵ月時のバウムテスト**　実のつかない針葉樹

簡単なスクリーニングである、仮名拾いテスト（金子, 1985）を実施した。このテストは、簡単な文章（「むかしあるところに、ひとりぐらしのおばあさんがいて、としをとって、びんぼうでしたが、いつもほがらかにくらしていました。……」）を声を出して読み、意味をとりながら、2分間のうちに文章のなかのあ・い・う・え・おの文字に○をつけてもらい、何個拾ったかを数える。施行が簡便で、認知症を判別する参考に、年齢別の数も示されている。70歳台は「9個以下が認知症の疑い」とされているが、8個であった。

認知症は、仮名を拾いながら内容を把握するというように、2つのことを同時に実行するのは難しい。事前に説明しても、話の筋を質問すると「何でしたっけ？　貧しいおばあさん？」と明るく答えた。夫は2つのことが同時にできないことを実感した。

音読に詩も取り入れ、気に入った詩を写す課題も行った。B5のスケッチ帳に、カウンセリング室で鉛筆で書いた詩を家で細書きのマジックで仕上げた。塗り絵や家の間取りや駅までの地図を書く課題も取り入れた。会話や課題など適度な知的刺激を繰り返して与えることは、機能維持を図るのに役立

**図10-2　11ヵ月時のバウムテスト**　情緒の安定

つ。生活の張りと自信にもなる。

　気候もよくなり、久しぶりにひとりで買い物に出かけ、ケーキを買って帰ってきた。日付などの失見当識もやや改善し、週末の長女の訪問がわかる。それまでは「いつ来るの？」と何回も夫に質問し、夫は疲れていた。物忘れはしばしばあった。財布をあちこち探し回り「盗まれた」と繰り返す。時にはタンスの中に入れ、怒鳴ってしまうと夫は後悔していた。夫には怒鳴るのは無理もないことで、怒鳴ったあと気持ちを引きずらないで、その時その場でやり直せばよいと励ました。夫への心理的配慮も必要であった。家族の苛立ちや怒りの感情は当然で、カウンセラーは一歩離れた客観的立場にあるから落ち着いてお付き合いできると、家族の感情の揺れ動きを認めた。

　料理は焼くか炒めた簡単な料理だったが、長女宅を訪問し一緒にビーフシチューを作った。作り方をきくと丁寧に答える。事前に長女と電話をして材料を準備した。長女は毎週訪問せずとも電話で話すと落ち着くようになり、長女も楽になった。その時の残された能力を最大限に生かし、その人らしい生活ができるよう家族とともに考えた。

11ヵ月時のバウムテストでは、実がつき、情緒が安定してきたことが示されている（図10-2）。精神科は定期的に受診しており、Oさんと家族の希望もありカウンセリングを継続した。

### （ⅳ）第Ⅲ期 ── 1年から2年6ヵ月、徐々に進行し中等度の認知症
　認知症は徐々に進行していた。長谷川式スケールでは年齢・記憶課題・ことばの思いつきなどが低下し、12点であった。日常生活は慣れた洗濯の片付けができなくなり、自分のものを夫の引き出しに入れる。夫は日常的なものの引き出しに「お父さん下着」と貼った。しばらくの間、これで迷わなくなった。
　会話は明るく、娘の小さいころの話がはずんだ。転勤先の街の話に広がることもある。
　歌詞も音読した。「あした浜辺をさまよえば」などは、読み進むと歌のメロディをつけて歌った。歌は得意ではないが、思い出の歌に顔をほころばせた。好きな歌を思い出せない。「えーと？　あれは？」と考え込む。カウンセラーが「春の小川は」と切り出すと「さらさら流る」と続けた。認知症は記憶障害を伴い思い出しにくいが、はじめの部分を言い出すと、知っている歌やことわざはあとを続けることができる。ことわざの音読も取り入れた。「花より団子」の意味の質問に「団子がいいってことですね」と答えた。意味理解はある程度保たれている。
　煮込み料理を焦がすことも多くなった。Oさんに聞くと、「何がどうなってるの？」と不安そうである。「駄目なんです」と自信なさそうに話す。朝食はパンでこれは卵を焼き、サラダの準備はできるという。「できることを一緒に探しましょう」と夫とも一緒に考えると、「朝ごはんと洗濯と水やりと・・・」と、できることを自分から話し、落ち着いた。認知症は自分のこころの内面を語るのは困難な場合が多い。心理的な寄り添いは、現実的な話をしながら気持ちを受け容れるとよいと思う。
　焦がすのでガスを電子調理器に変えようかと相談された。認知症は新しいことを受け容れにくい。新しい電子調理器に変え、料理ができなくなってい

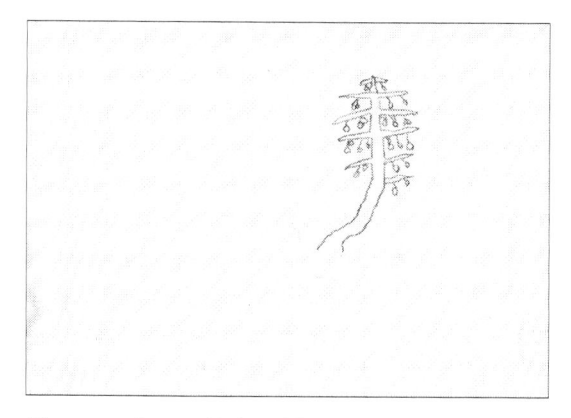

**図10-3　1年11ヵ月時のバウムテスト　不安定なバウム**

る女性もいる。ガスのままにし、夫が出かけるときにはガスの元栓を切るようにした。できる役割はできるように配慮が必要である。すでに買ったパンを買う。夫にパンの袋を3個並べられるとしょんぼりする。パンを買うことは自分の役割だと思っている。パンを見ると買う。スーパーで夫が止めても怒り出し、夫は諦め買ってしまう。買うものを書いて出かけると不服そうで、出かける前に一緒にあるものを確認し、「パン×」とメモを持った。買うものを書くのではなく、買わないものを書くほうが有効であった。日々直面するする実生活上の困難は、失敗を減らす工夫をもたらした。生活を含めて認知症の全体を評価し、安全にその人らしい生活ができるよう支援した。

　1年11ヵ月時のバウムテストは、根が浮き、不安な気持ちが表現されているように思われた（図10-3）。

　夫はまだ認知症の妻が受け容れられず、協力的だが悩んでいた。夫の負担も大きくなってきた。主治医の介護認定を受け、デイサービスに週1回行くことにした。Oさんは嫌がったが、主治医とカウンセラーから、限られた人だけでなく他の人たちとも付き合うことや、夫を休ませることが大切だと説明すると、夫が疲れているのは何とか理解しているようで、しぶしぶ了承した。デイサービスは広いお風呂が気に入り、なじんでいった。病気の進行状況の変化にともに、社会的サービスを取り入れた。

(ⅴ) 第Ⅳ期 —— 2年7ヵ月から4年、やや高度の認知症

　内科と精神科の受診があり、カウンセリングには月1回から2回来室した。夫も通院しており、病院は慣れた場所であった。
　家事ができなくなっていった。全自動の洗濯機だったので、夫が洗濯物を手渡すと洗濯機に入れた。夕方の散歩は、ゆっくり歩いて近くの小さなスーパーで買い物をした。夕方になると待っていられないのかイライラする。夫が遅いと急に怒る。途中で近所の人に挨拶されると、穏やかにしっかりお辞儀をして挨拶する。近所の方から「まだまだしっかりしておられますね」と言われ、夫は苦笑いした。介護度をあげ、週2回のデイサービスとヘルパーを入れた。ヘルパーに週2回の掃除と夕食を任せるようになり、夫の負担はかなり楽になった。
　長谷川式スケールは8点で、やや高度の認知症と思われた。認知症が進んでも最後まで復唱能力は長く保持される。ことわざの復唱を課題にした。「花より団子」の意味を聞いても、「花と団子ですね。きれいですね」と答える。第Ⅲ期と比べ、意味理解は低下している。
　歌は歌詞を間違えるが、テープを流すとついて歌う。短い歌は1番を繰り返して歌うと、2回目は声が大きくなる。春の小川は相変わらず好きな歌である。育ったところにきれいな小川が流れていた。用水路のような小さな川に鱒が上がってくると、繰り返し話した。
　会話は自分の女学校や小学校の話が多くなった。時には第Ⅲ期の長女の子ども時代の話を持ち出すが、続かない。「〇〇小学校ですよね」と聞くと「そうです」と答える。「はい―いいえ」で答えられるようにすると会話が続く。家では会話はほとんど続かない。夫は15分も続く会話を喜びつつ、同じ話の繰り返しにウンザリしながらも諦めていた。
　今後も認知症の進行は避けられず、今できる会話や生活を維持しようと夫に話した。
　綿森（1990）は、挨拶や電話の受け答えのように型にはまった応対は、長年の経験からスムーズにできると述べている。笹沼（1989）は「適切な挨拶

をする」「自分の名前をいう」「はい―いいえをはっきり示す」などが、認知症の重症度にかかわらず維持されていることを明らかにしている。

　認知症は記憶障害が進む。今日お昼ごはんを食べたことも忘れている日が出てきた。

　記憶障害にはさまざまな種類があるが、特定の時と場所で起こった自分の個人体験の情報に関する記憶（**エピソード記憶**）が、遡って障害されている場合を**逆向性健忘**という。逆向性健忘は、古い記憶より新しい記憶の障害が強い。Oさんの記憶も徐々に障害され、自分史を遡っていった。それに合わせ、カウンセリング室での会話は女学校から小学校へと遡っていった。慣れた場所での慣れた相手と、こころの拠りどころの夫と同席してのカウンセリングは、やや高度の認知症になってもそれなりの会話が最後まで可能であった。

　夫が80歳になり、Oさんと通院するのが困難になってカウンセリングは終了した。夫は残念がったが、夫が健康であり、協力してくれたおかげで4年にわたるカウンセリングを継続できた。数少ない認知症のカウンセリングを長期間継続できたことを夫に感謝して終了した。

## 4　おわりに

　認知症のカウンセリングは、病気になった本人と家族の心理的葛藤に配慮した心理療法と、具体的な問題への対応が基本である。

　認知症は進行性の病変で、根治困難な病気である。カウンセラーはその人が可能な限り本人らしい生活を送れるよう、保持されている機能と障害された機能を見抜き、残存する能力を見過ごすことのないよう丁寧に観察し、発見していく姿勢が大切である。

　介護施設や医療機関など、それぞれの場所に応じ、またカウンセラー・看護師・介護職員など各職種によって、それぞれの役割があろう。認知症の方々とのかかわりは、老いのこころに寄り添い、自分には何ができるかを考

え、自分にできる技術や方法を工夫してお付き合いを続けることである。

【レポート課題】
1．Oさんのカウンセリング過程の初回と第Ⅳ期について、それぞれ認知症の症状と、その期のカウンセリングの特徴をまとめなさい。
2．身近な人が認知症になったと仮定して、自分の気持ちやできることを述べなさい。

【参考書】
田邉敬貴（2000）『痴呆の症候学』（神経心理学コレクション）医学書院
山中康裕（1991）『老いのソウロロギー（魂学）』有斐閣

# 第11章
## ターミナルケアの場での看護・介護とカウンセリング

### 1　はじめに

　**ターミナルケア**と聞いて、皆さんはどんなイメージをもつだろうか？　どんな場面が頭に浮かぶだろうか？

　1981年以降、日本人の死因の第1位は悪性新生物、すなわち"がん"である。医療技術の進歩により、がんの治癒率は向上してきた。しかし生命を脅かす疾患であることもまた事実である。がんを患うことが、大変な不安・恐怖をもたらす体験であることに変わりはない（岸本, 2004）。ターミナルケアは、現代医学の方法では治療が難しい進行がんなどの方々に対して、治療は望めなくてもケアはできるという姿勢を基本に据えて発展してきた。また、その原点は、その人がその人らしい生をまっとうするのを援助することである（柏木, 1987）。

　近代ホスピスの創始者であるシシリー・ソンダースは、末期がんには4つの痛み（身体的・社会的・精神的・スピリチュアル）があると考えた（図11-1、次ページ）。この指摘は、患者さんや家族が全人的苦痛（トータルペイン）をもつ存在であることを理解し、病気も含めたひとりの人間として捉える視点をもち、包括的にケアしていくこと（全人的ケア）の重要性につながる。

　日本では、2007年4月より施行された「がん対策基本法」にこころのケアが盛り込まれた。その影響もあり、各所でがん患者へのこころの支援の必要性が論じられてきている。

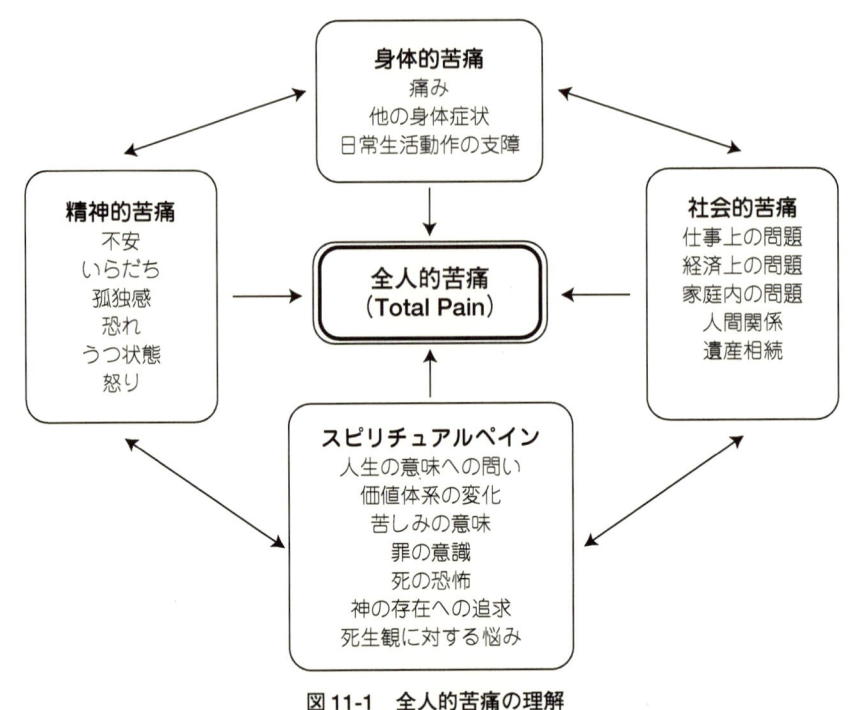

```
           ┌─────────────────┐
           │  身体的苦痛      │
           │   痛み           │
           │   他の身体症状    │
           │   日常生活動作の支障│
           └─────────────────┘
┌──────────┐      ↕         ┌──────────┐
│ 精神的苦痛 │                │ 社会的苦痛 │
│  不安      │   ┌─────────┐  │ 仕事上の問題│
│  いらだち  │ ←│ 全人的苦痛│→ │ 経済上の問題│
│  孤独感    │   │(Total Pain)│ │ 家庭内の問題│
│  恐れ      │   └─────────┘  │ 人間関係  │
│  うつ状態  │                │ 遺産相続  │
│  怒り      │       ↕        │          │
└──────────┘                  └──────────┘
           ┌─────────────────┐
           │ スピリチュアルペイン│
           │  人生の意味への問い │
           │  価値体系の変化    │
           │  苦しみの意味      │
           │  罪の意識         │
           │  死の恐怖         │
           │  神の存在への追求  │
           │  死生観に対する悩み │
           └─────────────────┘
```

図11-1　全人的苦痛の理解
（淀川キリスト教病院ホスピス編『緩和ケアマニュアル』より）

　加えて、現在は病院で死を迎えることが一般的となった時代である。これは、死が人々にとって非日常的なものへ、医療者にとっては日常的なものへと変化してきたことを示す。病院で終末期にかかわることが多くなったということである。

　この章では、ターミナルケアの場で患者さんのことばに耳を傾けてみることを考えてみよう。

## 2　患者さんのこころを聴く

【事例】Aさん（50代、女性）
　Aさんは夫と20代の娘・息子の4人暮らし。20年前に乳がんの手術をし、

10年前に再発した。いくつかの臓器と骨に転移がある。痛みが急に強くなり緊急入院、1日の大半をベッドで過ごす生活となった。そして主治医に、今までよりも強い痛みや今後の病状についての不安を涙ながらに話したことから、カウンセリングの依頼となった。

Aさんの痛みは放射線と薬物治療によりだいぶ治まった。それと共に、気持ちも少し前向きになってきたようだった。「痛みって気持ちにこんなに影響するんですね〜」と話され、痛みや体調と気分が連動するように揺れ動くことを共有した。

あるときは家族のことが話題になった。家族に申し訳ない、良くなりたいと思う一方で、このまま死んでもよいのではないかと思うことが涙ながらに語られた。確実に病気が悪くなっているのを感じ、「初めて病気がわかったときは"怖い怖い"と言って泣いていました。恐怖が迫り来る感じでした。今は静かな恐怖です。ジワジワやってくる感じ。今の状況を知りたいけれど、知るのが怖い自分もいます」「死を意識するようになりました。怖いけれど、もう楽にさせてほしい、終わりにしてくれてもいいと思ってしまいます」「どうしても前向きになれないんです」などと語られた。

入院1ヵ月半のうちに、Aさんの痛みはコントロールされた。不安はありながらも自宅で過ごす決心もつき、一旦退院。しかし数週間で倦怠感が強くなり、再入院。周囲への感謝を度々ことばにしながら、穏やかな表情で最期まで過ごされた。筆者のAさんへのかかわりは、約3ヵ月であった。

### (1) 必ず来る終わり

筆者の経験では、患者さんがカウンセリングに導入されることとなるきっかけは、自身の不安がもっとも多い。他には寂しさ・苛立ち・退行・頻回のナースコール・希死念慮・病状の受け容れの難しさ・抑うつなどがあげられる。Aさんの場合も、主治医に不安をあらわしたことがきっかけだった。

患者さんは、どのような人生を生きてこられたのだろう？　病気をどう抱

えてこられたのだろう？　闘病生活を送るなかで、どんな喪失や痛みを体験してこられたのだろう？

　患者さんと出会ったそのときが大切な時間であることを感じながら、聴く側は病気以前からの人生に思いを馳せることになる。ターミナルケアの場合でも、患者さんと向かい合う姿勢やカウンセリングの基本的な技術（気持ちに寄り添っていくこと）は、通常の場合と同じである。しかし常々感じられる相違点は、まず"時間に限りがある"ということである。患者さんとの時間には、必ず終わりが来る。そして途中のところで終わる感じがとても強い。そのため"ゆっくり"（無理に聞き出そうとしない）、しかし"急ぐ"必要がある。また、患者さんの病状や体調に応じて、時間や場所など、臨機応変に対応することも必要になる。

### (2) 死への意識

　病気に対して積極的な治療が望めない状況を考えてみよう。普段あまり意識しない"死"が、程度に差はあれ、どこか改めて意識され始めるのではないだろうか。キューブラー・ロス（1971）は、人がどのような心理段階を経て死を迎えるかを分析した（死にゆく過程の5段階；否認 － 怒り － 取引 － 抑うつ － 受容）。患者さんは希望をもちながらも、現実を否認したり、怒りをもったり、気分が落ち込んだりと揺れ動く。しかし、死は多くの人びとがすでに体験し、誰もが必ず体験するものでありながら、死にゆく人にとっても看取る人にとっても未知である。未知なものに対して、人は不安や恐れを抱く（柏木, 1987）。Aさんは「迫り来る感じ」から「ジワジワやってくる感じ」に変化したと表現した。筆者はそのことばを聴き、Aさんが感じている恐怖の感覚に近づけた気がした。

　ただこれは、話してくださいと求めたのではない。自然に語られたものである。このように、語られてくるものを待つ姿勢も大切にしたい。じっと患者さんの語りを待ってみる。どんな話が出されるだろうか？　どんなメッセージが含まれているだろうか？　内容はさまざまであろう。必ずしも死に関

係することばかりではない。日常のこと・体調のこと・家族や友人のこと・趣味のこと・仕事のことなど普通の事柄も話題になる。人生を振り返り、整理していくかのように語られる患者さんもある。何のために生きてきたのだろうか？ この苦しみは意味があるのだろうか？と、自分自身の存在意義や存在を問われる（**スピリチュアル・ペイン**を語る）患者さんもおられる。

　実際、死というものを感じながらも、直接話題にすることはなかなか難しいのかもしれない。どんな話題にも、選ばれた背景が必ずある。そこにも思いを漂わせながら、患者さんのことばに耳を傾けていく。相手を理解しようという気持ちは、おそらく患者さんに伝わっていく。

　また、患者さんの生活史・家族との関係・本来の性格・社会的な役割・人間関係の持ち方などを知ることも、その人を理解する上で大きな助けになるだろう。

### (3) Aさんの場合

では、Aさんについて補足し、理解を深めていこう。

　Aさんは4人きょうだいの第2子として出生。父親は若くして他界し、母親が生活を支えてきた。そのためAさんきょうだいは、中学を卒業するとそれぞれ就職し独立。母親の姿を見、きょうだいが助け合い、お互い迷惑をかけないことを思いやりとしていた。

　そしてAさんは22歳で結婚。慣れない土地に嫁いだもののすぐなじみ、2人の子どもや多くの友人にも恵まれた。がんの発症は30代半ば。術後比較的普通に生活を送っていたが、約10年後に再発。それからは入退院を繰り返すこととなる。今回の入院は、再発後10年ほど経ったところでの緊急入院だった。

　Aさんの気がかりは人の手を煩わせることであり、家族や周囲に迷惑をかけるのはイヤだという気持ちを繰り返しことばにされた。入院生活のなかで、他人へ配慮する姿も何度か見られた。田舎でひとり暮らしをしている母親に付き添いをしてもらうことも、ずっと苦労し、ようやく楽しみを見つけた母

親の生活を自分が奪うように感じて躊躇した。誰かの手を借りることは申し訳なく、しかし必要な状態。どうしたらよいかと葛藤する気持ちが語られた。

几帳面で他人に気をつかうAさんの性格は随所にあらわれていたが、おそらく生育環境のなかで培われてきたものなのだろうと想像がつく。発病してAさんは健康を失っただけでなく、特に再発後は母親としての役割を十分担うことができなくなり、家族としての楽しみを断念せざるを得ないことも増えていっただろう。自分の行く末を心配して不安になるだけでなく、心配をかけ、いろいろなことを我慢させてしまう夫や子どもに対しても、こころを痛めてこられたことだろう。

Aさんは語っていくなかで、症状の波と共に不安など、気持ちもいろいろと揺れ動くことを自覚された。また、母親に来てもらうことを決心された。再入院後は表情も落ち着き、不安や申し訳ない思いを語られることが少なくなった。そうして、大勢の親族に見守られながら旅立たれた。

Aさんの事例は、カウンセラーとしていろいろな思いに苦しみ悩む患者さんの傍らに寄り添うことが、その人らしい形で生きてゆかれることへのひとつの援助、役割になったのではないかと感じた一例である。

末期の患者さんの気持ちは、辛い・悲しい・寂しい・やるせない・虚しいなど陰性感情が多い。ときには怒りも含まれる。それらを家族など身近ではない人に、安心感や安全感をもって表出できることは、こころの苦悩の軽減につながっていくという意味をもつだろう。

ただし、話を聴くことが必ずしも歓迎されるとは限らない。"積極的に関心をもって聴く姿勢"の大切さはよく言われる。しかし傾聴する技術は、それを望む人がいて初めて成り立つものである（赤穂・奥村, 2008）。内面を語るのに抵抗を示される患者さんもおられる。また、患者さんにとっては思わず喜んだり涙したり嘆いたりしたことが、後にいろいろな感情を招くことがある。感情表出がなされれば、それで良いわけではないことも考慮したい。

## 3　家族のこころを聴く

　家族は第二の患者と言われるように、患者さんを支える家族のケアもまた重要である。
　家族の誰かががんのような病気を告知されたとき、どんなことを感じるだろうか？　どんなことが思い浮かぶだろうか？　どんな生活が始まっていくだろうか？
　家族が病気になるということは、さまざまなこころの揺れ動き、環境の変化を引き起こすだろうと考えられる。患者さんと同じように、さまざまな喪失も体験されるだろう。それらにどう折り合いをつけていくか、どう適応して生活を送っていくかも課題となる。家族のなかの誰が病気を告げられたかによっても、状況は変わってくるだろう。家族が不眠・不安・抑うつなどの精神症状を生じることもある。家族も患者さんと同様、大変な思いを抱えていくのである。
　さらに、治療が困難となり終末期を迎えた場合を考えてみよう。家族は、"この人が死んでしまったら、どんなに悲しいだろう" "この先どう生きていけばよいのだろう"と、悲しみを先取りすることがある。このように、喪失が現実となる前に起こる悲嘆過程のことを、リンデマン（1984）は**予期悲嘆**と呼んだ。よく見られるのは不安の増大であり、死が避けられないことに気づくことと、死に臨んでいる現実の否認が交替して起こると言われる。病状が悪化してくれば、死の現実性と不可避性が身にしみてくる。そして、それがどのような過程になるのかは、病気の進行具合・闘病生活の長さ・家族背景や家族関係などによってさまざまである。
　特に終末期には、家族が患者さんの病状（現実）を受け容れ、患者さんに付き添っていくことに大変なエネルギーを必要とするだろう。加えて、家族関係がさまざまな様相を見せ、家族をめぐる問題が表面化しやすい時期でもある。患者さんの状態によっては、家族が負うことになる治療方針の選択・

患者さんと家族あるいは家族間での意見や理解の相違・遺産や相続など、それまでは予想もしなかったような問題、あるいは病気になる以前から抱えている問題が露呈されることもある。他に、患者さんと家族とは近しい存在であるがゆえに、肯定的な感情ばかりではなく、否定的な感情も抱えることがある。厳しい状況下では、患者さんや家族の怒りがさまざまな形となってあらわれがちにもなる。ときには、それが医療に向けられる。医療スタッフは、その背景にある患者さんや家族のこころに気づき、いろいろな感情が湧くことを保証しながら、注意深く対応していく必要がある。

　ターミナルケアの場では、患者さんだけでなく家族への手助けも非常に大切なのである。

　実際、先にも述べたように、筆者の経験では、家族がカウンセリングに導入されるきっかけは、患者さんの状態に伴う精神的不安定・抑うつ・患者さんへの接し方に関する迷いが多い。看護師を中心とした医療スタッフがその必要性に気づくことも多い。そして、話を聴いていくなかで、主訴とは違う問題が浮き彫りにされることも少なくない。

　家族にとっては、医療スタッフに気にかけてもらっていると感じるだけでずいぶん安心感が得られるだろう。患者さんに対するのと同様、家族の顔色や表情に気をくばり、気になることがあれば、「お家で休めていますか？」など声をかけてみよう。家族が悲しんだり嘆いたりできるような場所や時間の確保に努めてみよう。家族と向き合うきっかけになる。そのタイミングを逃さないようにしたい。

　ただ、なかには、こころの問題や家族の問題に触れてほしくない家族もいる。家族の様子や反応を見ながら、無理のないところで援助をしていくようにしたい。こうした家族へのケアは、**グリーフケア**（悲嘆のケア）につなげていく布石ともなる、大事な援助になるだろう。

## 4 おわりに ── こころを聴く側に問われるもの

　ターミナルケアの場面で、患者さんや家族の苦しみにどう寄り添うことができているだろうか？　どこまで理解できているだろうか？
　そう自分自身に問いかけることが、筆者には多い。"患者さんの気持ちに添う"ことほど難しいことはないとも感じている。
　患者さんや家族の話を聴くなかで、自分も同様に必ず死を迎えることを自覚する。人生の意味・苦しみや痛みの意味・死生観（生と死、いのちに対する価値観）などが問われてくる。返事に苦慮する質問も多く、自分の無力さを感じる。聴く側にもいろいろな感情が湧いてくる。
　そういったことが難しさを呼ぶのだろう。ターミナルケアの場では、当然ながら臨床心理士だけでなく、患者さんや家族にかかわるすべてのスタッフがこころのケアに携わっていくことになる。患者さんや家族から投げ込まれる感情に自分自身が揺るがされ、持ちこたえられないと感じることもあるだろう。対応に悩み、度重なる死別体験などによって疲弊してしまう医療スタッフが多いのも事実である。
　患者さんや家族と同様、医療スタッフもさまざまな思いを抱くのは自然である。感情に良い悪いはない。どんな思いもそのままに感じることが大切であり、向き合う勇気をもちたい。死生観や人生観を考えていきたい。そうすることにより、患者さんや家族と適度な心理的距離を保つことができるようになるだろう。また、かかわりのなかで起こったことや感じたことを話し合える仲間も自分を支えてくれるだろう。
　患者さんや家族の貴重な時間を頂き話を伺えることに感謝しつつ、こころに寄り添っていければと思う。

【レポート課題】
1．「検査の結果、あなたはがんでした。半年もたないかもしれません」と言われたら、どんなことが思い浮かぶだろうか？　どんなことをする（どう過ごす）だろうか？　どんなこころの状態になるだろうか？　そのとき自分に影響するのは、どんなことやものだろうか？　考えてみなさい。
2．家族の誰か、あるいは大切な人が病気で余命半年とわかったとしたら、どんなことが思い浮かぶだろうか？　その人とどんな時間を過ごすだろうか？　どんな関係を保ちたいと思うだろうか？　考えてみなさい。

【参考書】
和田のりあき（2009）『がんに負けない心理学 —— 臨床心理士が教える心の応急手当てとケアの方法』PHP研究所
曽野綾子・A.デーケン（編）（2000）『生と死を考える』春秋社

# 第12章
## 家族を支える看護カウンセリング
### ―― 共倒れ・虐待を防ぐために

### 1　はじめに

　人は誰でも、家族のぬくもりを求める。家族によって支えられているケースはきわめて多い。専門職のかかわりは、どのようにハードであっても、一定の時間が経つと区切りが付けられるが、家族のかかわりは年中無休・24時間営業のようなものである。家族が、そのような日常に疲れ果てているケースも決して稀ではない。

　それどころか、家族間の葛藤がクライアントの症状や行動上の問題の源となっているケースもきわめて多い。他人同士であれば適当に距離をとることで葛藤を回避できるが、ひとつ屋根の下に暮らす家族にはそれが困難である。また、家族ゆえにお互いに求めるものが大きいので、他人同士なら妥協したり諦めたりできることが、深刻な葛藤のタネになることもきわめて多い。

　しかし、専門職を含めて周囲の他人は、家族の力に多くを期待するのが常である。たしかに、まず家族が頑張ってくれないと、支援の手は差し伸べようがないのかもしれない。しかし、疲れ切った家族、もうウンザリしている家族に、さらなる努力を要求するようなかかわりはいささか酷であり、望ましい成果につながるとは言えない場合もある。

　反対に、家族としての役割を早々に他者に肩代わりさせ、自分自身は深くかかわろうとしない家族も決して稀ではない。さまざまな家族に対してどのような心理的支援を行うことが、家族の共倒れや虐待の防止に役に立つので

あろうか。本章においては、2つの模擬事例をあげながら、具体的な応答のポイントを見出していきたいと考える。

（なお、模擬事例はいずれも、きわめてよくある事例の骨子に基づき、フィクション化したものであり、年齢、家族構成、面接場面などはすべて架空のものである。もし、それに該当するケースがどこかに存在したとしても、それはまったく偶然の一致に過ぎないことを、あらかじめお断りしておきたい。）

## 2　義母の介護に疲れた主婦

### (1) Kさんの事例

【事例1】Kさん（48歳）

　夫（52歳・会社員）、長女（21歳・大学3年生）、長男（19歳・大学浪人中）、そして夫の母親（76歳）の5人家族である。

　夫の父親は、脳内出血で5年前に急逝し、そのときから母親との同居が始まった。夫には既婚の姉と妹がいるが、「親孝行」な長男である夫が、家族ぐるみで実家に戻ることになったのである。

　K子さんは、まじめで責任感が強く、人に気をつかう性格の持ち主である。子育てが一段落してからは、パートの仕事や趣味の習いごとに励んでいたが、義母と同居するためにそれらを断念、同じ県内とはいえなじみのない土地に移り住んだのである。

　同居を始めて2年後に、義母は転倒して骨折をしたのがきっかけで自力歩行ができなくなり、車椅子に頼る生活となった。それとともに、少しずつ認知症の症状が出始め、食事をしたことを忘れて「朝からご飯を食べていない」とか、「預金通帳がなくなった」などと騒ぐようになった。また、自分の部屋でひとりで過ごすことができず、すぐに呼び鈴を鳴らしてK子さんを呼びつけるか、娘たちに電話をかけて延々とグチをこぼすのが日課となっていた。

第12章　家族を支える看護カウンセリング──共倒れ・虐待を防ぐために

「親孝行」な夫は、仕事が多忙で、家庭内のことはすべて妻に任せきりであった。夫の姉妹は、母親から電話でいろいろ聞かされて心配になるのか、しばしば見舞い客として様子を見に訪れるようになった。また、長女はアルバイトや就職活動で忙しく、長男は受験勉強に追われており、子どもたちの手伝いも期待できない状況であった。K子さんの毎日は、介護と家事で塗りつぶされ、自分自身の時間は皆無となり、疲労困憊しつつあった。

　このようなある日、義母の通院に付き添ってきたKさんは、義母がリハビリテーション室に入っている時間を利用して、外来の片隅に設置された「相談室」のドアをノックしたのである。申込用紙には、「自宅での介護のしかたについて教えてほしい」と書かれていた。
　外来の「相談室」の担当者は、カウンセリングの研修を受けたナース（N）である。

【初回の相談 ── 挨拶と自己紹介のあとで】
　　N1「この申込用紙には、ご自宅での介護のしかたについてのご相談と書かれていますが、具体的にはどういったご相談でしょうか？　いろいろおありかと存じますが、差し支えなければ教えていただけませんか？」

K1「はい。最近、義母がひとりで時間を過ごすことができないのか、すぐに呼び鈴を鳴らして私を呼ぶのです。もちろん、用事があるときに呼ばれるのは構わないのですが、用事がなくても何度も何度も呼ばれると、家事もはかどりませんし、落ち着かなくて困るのです。どうすればいいのでしょうか？」

N2「ああ、それは大変ですね。ようやくお義母様のお世話がすんで、他のことをなさろうとしても、すぐに呼びたてられるのですね。」

K2「そうなんです。呼び鈴の音が聞こえても無視していると、今度は大声で私を呼ぶのです。その声を聞くと放っておくわけにもいきませんし、駆けつけると急ぎの用事なんか何もないんです。テレビでも観て時間をつぶしてほしいのですが、以前は好きだったテレビ番組にも、最近では興味を示さなくなりました。昼間は、夫も子どもたちも留守なので、私が相手をするしかないのです。」

N3「そのような状態では、安心してお買い物にも出かけられないのでは？」

K3「食材などは、週末に子どもに留守を頼んで、夫の車でスーパーに出かけてまとめ買いをしています。とにかく、このところ、ゆっくり外出したことなどありません。」

N4「そのような状態が長く続くと、Kさんが疲れ果ててしまわれると思います。誰でも、ほっと一息つける時間がないともちませんよ。介護認定を受けて、ヘルパーさんの派遣を頼まれるとか、デイケアを利用されるなど、**社会資源を活用されることなどを、お考えになったことはありますか？**」

K4「近所に寝たきりの御老人がおられるので、ヘルパーさんが訪問していることは知っています。でも、義母はまだまだ元気ですし、何よりも、他人に家に入り込まれることをとても嫌がる人なのです。とてもヘルパーさんを受け容れるとは思えません。」

N5「そうですか、それは困りますねえ……**ところで、Kさんご自身は、ヘルパーさんをお願いすることについて、どのように思われますか？**」

K5「もし義母が寝たきりになったりすれば、ヘルパーさんをお願いするのもやむを得ないと思います。でも、今はまだ、私ひとりで対応できない

状態ではないのです。私だけでなく、夫も義姉妹も、皆、私が頑張ることを期待しています。私がもっとうまく介護ができればいいのですが……」

N6「ご主人も義姉妹様も、ひたすらＫさんの頑張りに期待されているのですか？」

K6「ええ。私は長男の妻ですので、それが当然という感じです。義姉妹は、それぞれ嫁ぎ先の事情がありますので、実家の親の面倒までみられないと言います。家は夫が相続することになっていますので、私たちが義母の世話をするのは当然のことなんです。」

N7「ああ、そういう御事情なんですか。でも、それならご主人も少しでも介護に参加していただきたいですね。」

K7「夫の会社でもリストラで人が減らされ、夫はとても忙しくて大変なのです。リストラの対象にならないためには、頑張るしかないのです。介護を手伝う余裕なんかありません。でも、とっても親孝行な人なので、義母のことを心配しているのです。私が義母にやさしくすることを望んでいる夫の気持ちが、痛いほど伝わってきます。義姉妹も、自分の大切な親に、嫁の私が手抜きをしていると思っているかもしれません。何となくそういう視線を感じるのです。」

N8「ご主人たちのお気持ちが重たいほど感じられるのですね。」

K8「でも、私は、何度も何度も呼び鈴を鳴らされると、正直なところ、イライラするんです。『いい加減にして！　もうウンザリするわ』と怒鳴りたくなってしまうんです。それだけでなく、とても言いにくいことですが、いつか自分が抑えられなくなって義母にひどい仕打ちをしてしまうのではないかと、ふっと不安になることさえあります。」

N9「そういう状況だと、Ｋさんでなくても、誰でもウンザリしてイライラすると思いますよ。当たり前の反応だと思います。」

K9「でも、もし、本当の娘ならもっとやさしくできるんじゃないかと思うと、自分のこころの貧しさが情けなくなって、つい、自己嫌悪にかられるのです。」

N10「Ｋさんは、本当に良心的な方なんですね……そういうお気持ちを、

ひとりで抱え込まず、ありのままご主人に話してみることは？」

K10「とんでもない！　そんなことを言えば、夫は私に失望し、不信感をもつでしょうね。私、とても、そんなことには耐えられませんわ……」

N11「Kさんは、ご主人を失望させたくないので、どんなに疲れてもひとりで頑張るしかないというお気持ちなのですね。」

K11「ええ、私の本音を知ったら、夫婦の信頼まで崩れてしまいそうで怖いのです。だから、義母の介護のことでグチも言えない。いつも仮面をかぶっているのだと、たった今、気がつきました。」

N12「率直なお気持ちを話してくださって、ありがとうございます。ここでの話は、決して外へ漏れることはありませんので、その点は安心してくださいね。いずれにしても、このままでは、Kさんの疲労とストレスが溜まっていくと思います。それを少しでも軽減するために、**何か良い方法はないかご一緒に考えていきましょう**。きっと、良い方法が見つかると思います。次回、病院に来られる日はお決まりでしょうか？　よろしければ、お時間を予約してお待ちします。どうぞ、お気軽にお立ち寄りください。」

K12「ありがとうございます。今まで誰にも話すことができなかった気持ちを吐き出せただけで、少しはすっきりしました。次回もお話を聞いていただけると嬉しいです。」

## (2) 解説

Kさんは、申込用紙に「自宅での介護のしかたを教えてほしい」と記入して相談室のドアを叩いた。文字通りに受け取れば、"介護の工夫を伝授すればよい"ということになろう。しかし、Nは、その背後にあるKさんの強い疲労感を感じ取り、まずその気持ちを**共感的に受け止め**、**ねぎらう**ことに努めたのである（N2、N4）。介護に疲れるのは当然であり、休むことを考えたほうがよいと応答されたことによって、Kさんは、ほっとしたのではないか。

次にNは、**社会的資源の活用を提案する**（N4）が、これは実現困難である

と棚上げされてしまう。そこでNは、状況がそうであったとしても、Kさん自身がそれについてどう考えているのかをたずねている（N5）。常に周囲に気配りするKさんにとって、自分自身の考えを問われるのは、重荷な面もあろうが、大切な経験である。それをきっかけに、夫や義姉妹が介護に関するすべてをKさんひとりの肩に背負わせていると、Kさんが感じている状況（それが客観的事実かどうかは不明だが）が確認されてきた（N6、N7、N8）。

　ここで、それまで優等生的な発言が多かったKさんが、「もうウンザリ」「いつか自分が抑えきれなくなりそう」といった、**こころの危機を吐露する**に至っている。Kさんが相談室のドアを叩いたのは、このような思いをひとりでは抱えきれなくなったからではないかと推察されよう。それを聴いたNは、たじろがずに共感的理解を伝えている（N9）。そして、そういう気持ちを夫に話してみてはとすすめている（N10）。しかし、それはできないと拒否され、「自分が本音を吐けば夫を失望させ、夫婦の信頼関係が崩れるのではないか」というKさんの不安の源が明らかになったのである（N11）。

　社会的資源の活用（N4）や、夫に本音を打ち明けてみるという現実的な現状打開策（N10）については、Kさんはまだ受け容れられる段階ではないようである。そのことがわかったので、Nは現実的な方策を立てるのを急がず、時間をかけてKさんのこころの整理に付き合いたいと考え、それを提案したのである（N12）。そして、それはKさんにも通じたと考えられる。

　在宅介護についての専門的知識・経験を備えたNが、自分の気持ちを共感的に理解し、継続して共に考えてくれることは、Kさんにとって確かな支えになるであろう。その場を**こころの基地**にして、やがてKさんが夫との関係性を問い直し、社会的資源の導入などの決断をしていくことが期待されよう。

## 3 病弱な子どもを抱える若い母親

### (1) Rさんの事例

**【事例2】** Rさん（24歳）

　　Rさんは、3歳男児・T君の母親である。T君は、病弱で、発育不良。ぜんそく発作を起こして、しばしば小児科救急外来に駆け込んできた。

　　Rさんは、痩身で顔色がすぐれず、ひどく不安そうな表情の女性である。半ば顔を隠すような長い茶髪、無彩色のしゃれた服を身にまとい、子どもを連れて歩くにはふさわしくない、ヒールが折れそうなほど細くて高い靴を履いていた。

　　Rさんは、20歳のときに妊娠を契機にT君の父親となる男性（フリーター・当時22歳）と結婚したが、出産後1年足らずで離婚。翌年、現在の夫（自営業・27歳）と知り合い、再婚した。現在の夫は、同居当初はT君を実子のように可愛がっていたが、最近では不況のあおりで仕事がうまくいかなくなったせいか、お酒を飲んでは幼いT君に八つ当たりをし、露骨に邪魔者扱いをするようになってしまった。

　　Rさんは、若くしてT君を生んだものの、母親としての自覚や自信をもつ

には至っておらず、T君ぐるみで依存できる対象を求める気持ちが強かった。そのため、夫がT君に怒りをぶつけるのを見ると、夫に愛想を尽かされるのではないかとの不安が高まり、自分もT君に苛立ちを抑えきれなくなるようであった。ただ、T君の体調が悪くなると、病院にはすぐに駆け込んできている。

このような母子の様子に危惧を感じた小児科医のすすめで、事例1と同じ外来の「相談室」へ来談した。Rさんが落ち着いて話ができるように、面談の間、T君はボランティア・スタッフとプレイルームで遊べるように配慮されている。

【相談室での会話 —— 途中から】

N1「T君が病弱なので、Rさんとしては、**ずっと気が休まることがないのですね。**」

R1「ええ、とっても育てにくい子なんです。ぜんそく発作がいつ起きるかわからないのでハラハラしますし、生まれたときからずっと手がかかって大変でした。よその子は元気に育っているのに、どうしてうちの子はこんなに育てにくいのか……」

N2「**それは本当に大変だったと思います。今まで良く頑張ってこられましたね。**」

R2「だって、両親の反対を押し切って私が勝手に産んだ子ですから、自分が頑張るしかないじゃありませんか。妊娠がわかったときは、子どもは私に幸せを運んでくる天使のような存在だと思って、どんなことをしても産みたかったんです。でも、今では、そんな甘いものではなかったと後悔しています。」

N3「赤ちゃんが幸せを運んでくると信じておられたのですね。」

R3「ええ。自分の子どもがいたら、もう寂しさなんか感じずにすむだろうと期待していました。」

N4「赤ちゃんがいたら寂しさから解放されると期待されたのですね。**それ**

まで、ずっと寂しさを感じておられた？」

R4「それはずっと感じていましたね。私の実家は両親の仲がうまくいっておらず、父は外に愛人を作って、夫婦喧嘩が絶えませんでした。それで母の気持ちはいつも不安定で、私をグチのはけ口にしているかと思うと、むやみに当たり散らし、『お前はお父さんに似ているから嫌いだ』とまで言われました。今でも、そのことばが胸に突き刺さっています。」

N5「それは、つらい記憶ですね。お母様も、本心からというより、八つ当たりのようなことばだったのでしょうが……」

R5「私には兄がひとりいるのですが、母はその兄を溺愛して、私に対する態度とは大違いでした。でも、兄は兄で、そんな家庭がやりきれなかったのか、中学生のころから、家で暴れるようになってしまったのです。」

N6「お兄さんはお兄さんで、苦しい思いをされていたのですね。」

R6「今では兄の気持ちもわかります。でも、当時はただ怖くて、毎日、ビクビクしていました。とにかく、そんな家から逃げ出したかったのです。誰か私をやさしく守ってくれる人にすがりたいと、そればかり願っていました。」

N7「それで、早く結婚されたのですね。」

R7「相手もまだ若かったけれど、Tができたので仕方なく結婚してくれました。でも、Tが病弱で手がかかって大変だったので、すぐ逃げ出してしまいました。」

N8「もし、T君が元気で育てやすい子だったら、もっとうまくいっていたと感じておられますか？」

R8「さあ、どうかしら……やさしいけれど頼りない人だったから、それはわからないけれど。とにかく、今度はもう失敗したくないんです。今の夫は、Tを自分の子どもとして育てると言ってくれました。今度こそはと期待したんですが、仕事が大変な上にTに手がかかるので、このところずっと不機嫌なんです。」

N9「Rさんとしては、T君が病弱で手がかかるために、結婚相手とうまくいかなくなるような感じになるのですね。」

R9「そう。私に幸せを運んでくるはずのTが、私の幸せの足を引っ張るん

## 第12章 家族を支える看護カウンセリング――共倒れ・虐待を防ぐために

です……このままだと、私、いつかキレて、Tにひどいことをしてしまうかもしれません。母親としてこんなことは誰にも言えません。でも、自分が抑えられなくなりそうで怖いんです。」

N10「ことばにしにくいお気持ちを、よく率直に話してくださいました。母親といっても万能ではありません。Rさんは、これまでT君のためにできるだけの努力をされたんですから、ちょっと一休みされてもいいのではないでしょうか？ T君にとっても、一度、環境を変えて体調を整えることもプラスに作用するかもしれません。しばらく、病弱な子どもさんを対象として療育する施設に預けて見られませんか？ 前向きに考えましょうね。」

R10「子どもを手放すのは、無責任な母親と言われないでしょうか？ でも、このままでは、もう限界かもしれません。夫とも相談しなければならないので、今度、夫を連れてきていいですか？」

N11「ええ、いいですよ。ぜひ、ご一緒にお越しください。早いほうがいいので、ご主人の都合を伺って、日程を決めましょう。」


### (2) 解説

Rさんの場合は、自発的な来談ではなく、小児科医からのすすめによるものである。医師は、このままでは虐待につながる可能性を感じたのであろう。

Nは、まず、病弱で手のかかる幼児を育ててきた母親としてのRさんの苦労に共感的理解を示し、ねぎらっている（N1、N2）。ここでは自分の気持ちが理解してもらえそうだと感じたRさんから、自分の抱える寂しさや、子ども時代の母子関係が語られた。Nは、**母親としてのRさんにこだわることなく、子どもとしてのRさんの気持ちに共感的理解を示している**（N4、N5）。

現在の課題は、母親としてのRさんの子育てであるが、その背後に、Rさん自身の**満たされなかった子どもごころ**の問題が潜んでいることを見過ごしてはならないのである。それを棚に上げてほどよい母親になることは、きわめて難しいということを、念頭に置いておきたいものである。

そして、ひたすら自分自身が依存できる対象を求めてきたRさんにとって、幼いわが子も依存の対象であり、また、夫によって依存欲求を満たされたいのに、それを**邪魔する対象**にもなっていることが確認された（N8、N9）。このような思いが高じれば、RさんがT君を**虐待**してしまうことになってしまうかもしれない。また、現在の夫による虐待も危惧されよう。まず第一に優先されるべきなのは、**子どもの安全**である。Rさんが、子どもとしてのこころの傷や満たされない思いから脱却して、**ほどよく成熟した母親**になるには、かなりの時間がかかるであろう。それを助けるカウンセリングは、大仕事である。

　それまでに、この家族にとって不幸な事件が生じてしまわないように、ここでは、**緊急避難として、子どもの施設入所**が早急に検討されるべきであろう。Nは、Rさんが受け容れやすい形で、その道があることを示し、夫とともに来談するよう強くすすめている（N10、N11）。

　もし、夫がこのような提案を拒否し、Rさんも現状のまま成り行きに任せてしまいそうになれば、そのときには小児科主治医と相談の上、児童相談所等への**虐待通告**をためらうべきではないと考えられる。万一、取り返しのつかない事件が起きてしまえば、Rさんの苦しみはさらに深くなることを、忘れたくないものである。

【レポート課題】
1．高齢者の在宅介護をしている家族のストレスと、それに対する有効な支援について具体的に述べなさい。
2．児童虐待の恐れのある家族に対して、もっとも優先すべき支援はどのようなものであるか、具体的に述べなさい。

【参考書】
川崎二三彦（2006）『児童虐待——現場からの提言』岩波新書
三好春樹（1995）『老人介護Q＆A——家族、介護職からの76の質問』雲母書房

# 第13章
# 福祉に生かすカウンセリング

## 1　一般的なイメージのカウンセリングと、福祉現場におけるカウンセリング

　福祉を学び始めた学生に、カウンセラーやカウンセリングのイメージをきいてみると、カウンセラーを「一緒に自分のことを考えてくれる人」と肯定的に捉えている一方で、「こころを見透かされるかもしれない」というカウンセリングに対する構えもみえる。しかし、福祉現場で実践されているカウンセリングはこうした学生の抱くイメージとは幾分差があり、また、用いられ方にも開きがある。そこで、学生が抱くカウンセリングのイメージと、福祉現場でのカウンセリングを対比させてみると図13-1のようになる（次ページ）。
　この二者の比較によって、学生のイメージするカウンセリング（左欄）は、学校の保健室や相談室、あるいはクリニックや心療内科で行われる相談や心理療法（サイコセラピー）に近く、実際、福祉現場で行われるカウンセリング（右欄）は、多様な問題を抱えている人と「信頼関係を築き、問題解決をする」という、もっと目的志向性のある相談であるということがわかるであろう。つまり、福祉現場では、カウンセリングすることが主目的でなく、**カウンセリングによって援助活動を効果的にする**という用い方なのである。ここでこの2つのカウンセリングを次のように整理してみた。

| 学生がイメージするカウンセラー | 福祉現場でのカウンセラー |
|---|---|
| ・利用者の話、相談に来た人の話を聞く<br>・どう進むか道を作ってくれる<br>・焦らず・ゆっくりと自分・相手を責めず問題を解決していく<br>・過去に起こった嫌なできごと(トラウマ)をも話せる<br>・今後のプランを立てるのを助けてくれる<br>・優しいけれど怖い気がする<br>・心のうちでは問題が表に出る一瞬を逃すまいと思っていそうである<br>・自分では分かっていない内側の問題が見つけられてしまう<br>・たくさん質問をされる | ・カウンセラーとして独立した専門職はなく、カウンセリングを援助手法として活用している。<br>　◇公的機関(福祉事務所や児童相談所など)の社会福祉士<br>　◇施設で働く各種の相談員<br>　◇医療ソーシャルワーカー<br>　◇ケアマネジャー<br>　◇スクールソーシャルワーカー<br>などが代表的であり、援助を求める人に必要なサービスを提供するために、感情を受容し、共感し、解決に向けて協働作業をする相談援助専門職。 |

| 学生がイメージする相談を求める人 | 福祉現場で相談を求める人 |
|---|---|
| ・日常の苦しみをやわらげてもらう<br>・自分の心をさらけだす<br>・一緒に自分のことについて考えてくれ、自分を知ることができる<br>・悪い状態(うつ、虐待、DV、妄想など)からの回避ができる | ・通常、利用者という。左欄の学生がイメージしているのと同じく、福祉領域で相談を求める人も心理的、身体的、経済的、社会的に様々な悩みを抱き、解決を求めて相談にくる。 |

| 学生がイメージするカウンセリングの状況 | 福祉現場のカウンセリングの状況 |
|---|---|
| ・一対一で向き合って話しをする<br>・長い面接<br>・きれいなあたたかい部屋<br>・カーテンの閉まった部屋<br>・お金がかかる<br>・無理をしなくてよい時間<br>・落ち着ける場所(流れている時間が遅い感じ) | ・面接の構造について特に定まっていない。一般的には通常カウンセリングが行われている状況と同じである。<br>・面接室を利用することもあるし、ベッドサイドや訪問先であることも多い。<br>・利用者へ援助をするための技法であるため、カウンセリングとしての費用を取ることはほとんどない。 |

図13-1　一般的なイメージのカウンセリングと、福祉現場におけるカウンセリング

## 【心理療法(サイコセラピー)と同じような意味合いで使われるカウンセリング】

　悩みをもつ人に、① もっと自由に感情をあらわせるよう共感をもって聴き、その感情を意味づけることを手助けする、② こころの病を治療す

る、③ 過去に起こった事柄（トラウマや対人関係の問題など）から回復することを手助けする、④ そして、最終的に対人関係を改善していく、などが目標となる。

**【福祉領域で行うカウンセリング】**

　心理療法の場合と同じく、共感をもって対応するが、もっと現実的で「生活上で問題を抱えている人」というところに焦点を当てていく。① 経済的、精神的、文化的に自立した生活をする上で必要としている福祉サービス（制度、環境、人的資源など）を利用できるよう支援していくということを重視する。つまり、② 相談援助者は、「福祉サービスを求める人」（＝利用者）がより健康的で質の高い暮らしができるような支援をすることを目標としている。そして、カウンセリングは、③ 利用者との良い援助関係を築き、直面している問題を解決し、その人が求めている生活実現のための援助手段として活用されている。

では、実際に福祉現場で、どのような状況でカウンセリングが行われているか、具体的な実践事例で理解を深めていこう。（以下の事例はいずれも個人を特定しないように、年齢や家族構成等を変えている。）

## 2　施設生活に適応できない障害者支援施設入所者へのカウンセリング

### (1) A子さんの事例

**【事例1】A子さん（20代後半）**

　　A子さんは、脳性麻痺による身体障害者。電動椅子での移動は可能であり、外出もできる。障害者支援施設入所中である。
　　［訴え］：施設外でカウンセリングをしてくれるところを探してほしい。

［入所生活での問題点］：施設内で自傷行為がみられる。かかわる職員によって訴える内容が異なり、職員間で認識と対応に食い違いが生じている。そのため、一貫した生活支援がやりづらい。同室者とうまくいかない、などである。

　A子さんは特定の利用者の声を聞くと不快な感じを受けてしまい、いろいろな理由をつけて他の利用者との作業をしない傾向がある。自分は集団生活には向いていない、ここでの入所生活でなく、地域社会での生活をしたい、という。職員はA子さんの訴えの対応に追われてしまう。たとえば、朝の巡回時は普通であったのであまり関心を向けないでいると、A子さんはナースコールをし、「気分が悪いから食事はいらない」と訴えたりする。職員が部屋に様子を見に行くと、着替えをすませ、「ご飯食べる」と言うが、食堂にはあらわれず、心配して職員が再び部屋に行くと電動椅子から落ち、うつ伏せ状態で動けない状態にいる。声をかけると、「ようやく来たのね」といった表情をし、動けないと訴えるので介助をせざるを得なくなる。職員はA子さんが関心を引くためにわざと落ちたのではないかと疑心暗鬼になっている。昼夜とも同様の行動を起こし、看護師、食事介助者などがそのつど、移動や食事を助けることとなる。また、失禁、失便があったとき、同室者と言い争いになり、「家に帰れ」と言われたと訴え、なだめるというような対応をしなければならない。

　A子さんは施設職員が自分のことをわかってくれず、自分の思うように行動できないという不満がある。脳性麻痺があるので介護を必要とするけれども、できることがたくさんあると思っている。A子さんは、自分は他の利用者より知的・言語能力があるのに、みんなと同じような扱いを受けているのを不満に感じている。

　そのこともあって、施設とは関係のない、カウンセリングが受けられるところを探してほしいと施設の相談員に頼んだ。相談員は地域のソーシャルワーカーたちが組織している地域のB相談室のH精神保健福祉士を紹介した。A子さんもそこに行ってみたいということになり、面接の当日は職員が付き添って外出した。

## 【初回面接】

　施設での生活の不満を訴える。利用者のなかに友人を見出すことができない、同室者が自分の財布がきれいなので欲しがり、しつこく付きまとい、我慢できない。地域で自立した生活をしたい。母親も父親もあまり面会しにきてくれない。しかし、たまに来ると持ち物やお金の使い方に関して口うるさい、というような内容を語った。

　Ａ子さんはＨ精神保健福祉士が、Ａ子さんの置かれている状態をよく聴き理解しようとしていることを感じ、引き続き通いたい、と付き添ってきた入所施設の職員に語った。

## 【２回目の面接（１週間後）】

　Ａ子さんは相談室にはひとりで行きたいという。付き添いの職員は相談室まで同行したが、Ａ子さんひとりで電動椅子での移動で施設まで帰りたいと言ったことを受け、特に問題もないと判断し先に帰ることにした。Ａ子さんはひとりで行動できることに喜びを感じたようであった。

　［面接の内容］：施設での生活については、同室の女性利用者と話があわないこと、自分の悩みや考え方を受け止めてくれるような仲間がいないこと、他の入所者とちがい、外出できるので買物を頼まれるとしてあげるのだが、施設職員はそれはしなくてもいいと制限するし、また、感謝されることもないこと、などが語られた。

　生いたちについても話がでて、Ａ子さんは未熟児で生まれ、脳性麻痺があったので、小学校に上がっても親がつきっきりで世話をしてくれたという。しかし、中学生になってからは親が来なくなり、親に捨てられたように感じた。高校卒業後は家を離れ、この入所施設の前にいくつかの施設を経験したが、どれも自分が思っているような訓練もなく、このまま人生が終わるのかと思うととても焦る。外部のカウンセリングを望むのも、施設が提供してくれる相談は集団生活になじませるような感じがして、物足りないので、施設

の職員さんに頼んで、無料でやってもらえる外部のカウンセリングを探してもらった。ここなら何か整理できるように思える。

　A子さんは、いますぐ施設を退所して、地域で生活できる状態でないことは認めているものの、施設生活での生きがいや将来への展望がもてないと焦っている。また、両親の面会が少なくなり、家族との結びつきが薄れ、もう両親のそばに戻ることができないのではないか、という不安が募って混乱することがしばしばであった。面接したH精神保健福祉士は、A子さんの見通しのない将来への不安、他の利用者よりもできることがあるのに周りの人に適切に評価してもらえていない不満を当面の問題と捉え、A子さんに「どのような生活を望んでいるのか、また、それを具体的にしていくために何ができるのかなどからお話ししましょうか」と提案し、A子さんもそれを望んだのである。
　カウンセリングに通うようになって2ヵ月が過ぎたころから、A子さんは施設で以前のような頻繁な訴えをしなくなった。ただ、自分の悩みに対して整理がつけられない、他の利用者や家族への不満など、入所生活に対しての悩みは続いている。

## (2) A子さんのカウンセリングのポイント

　A子さんのカウンセリングはA子さんがもつ問題解決の可能性や、もっている「力」や「強さ」を重視した、**問題解決アプローチ**を実践モデルとしたものである。
　問題解決アプローチとは、パールマン（1967）が展開した「問題解決理論」に基づいており、人が問題行動や不適応を起こしているとき、それを人の病的なものとして目を向けるのでなく、問題を解決しようとする「力」や「強さ」や「健康」な側面を大事にする手法である。
　援助者であるH精神保健福祉士は、A子さんの問題を病的なものとして捉えなかった。A子さんが他の利用者とうまく関係が結べず、集団生活に不適

応を起こしているのは、施設生活で満足度が阻害させられたため引き起こされた日常生活上の問題と考えた。そして、満足度が阻害されている問題を解決するという視点に立って、カウンセリングをしようと考えたのである。

これは、脳性麻痺のあるA子さんが障害者支援施設で対人関係で悩む事例であるが、このような悩みは多くの施設入所者が抱える共通問題でもある。入所施設にいる知的障害者や身体障害者、そして高齢者が、個別性の少ないサービス環境の中で将来への展望や生きがいを見つけられず悩んでいる。施設入所者は、24時間職員が見守る安全な生活環境が提供されている。しかし、安全を提供されるということだけでは十分でない。大切なのは社会と接点があり、自分が価値ある存在であり、そして、社会に役立っているという実感なのである。

生活の張りや社会に属しているという実感は人によって異なるが、均一なサービスになりがちな集団生活では特にもちにくいものである。入所施設ではこうした状況に置かれやすいということを理解した上で、A子さんのカウンセリングでは集団に埋没してしまうという不安にじっくりと耳を傾け、今の生活に足場を置きながら、入所生活でなく地域で自立したいという訴えに耳を傾けることが求められてくる。

A子さんが外部のカウンセラーを望んだ背景には、解決策がないという閉塞感を打ち破りたいという思いがあり、H精神保健福祉士はこれを理解して、Aさんが現実的な解決法を探す援助を始めたのである。

## 3　退院後の不安をもつ患者へのカウンセリング

### (1) Sさんの事例

【事例2】Sさん（72歳）
　Sさんは、悪性腫瘍で胃の全摘出手術を受け、G病院に入院中。転移が見つかり、2度目の入院である。

［訴え］：1度目の入院、2度目の入院も同じくA医師が主治医であったが、2度目の入院の途中で若いB医師が主治医となった。まだ入院加療が必要だと思われるのに、B医師は入院ですることがないからと退院をすすめた。しかし、自宅でどのように暮らせばよいのか、B医師から何の説明も具体的な自宅治療の方法も教えてもらえない。退院後の生活に不安である。できればもう少し入院していたい。

［入院生活での問題点］：Sさんは元高校教員である。前妻との間に息子と娘がいるが、それぞれ独立して遠方に住んでいる。前妻とは離婚し、再婚している。再婚した妻との間には子どもがなく、妻は教員としてまだ仕事をしている。転移が見つかり、2度目の入院であるが、執刀したA医師から、がんのステージが進み、生存確率も低いという告知も受けている。

2度目の入院で再手術後、主治医はA医師から若いB内科医に移った。B医師は退院をすすめ、外来で治療を続けていくことを提案した。しかし、SさんはB医師がSさんの話に耳を傾けておらず、退院のすすめを見捨てられたと感じている。


Sさんがもらす主治医への不満な様子を病棟看護師が感じ、病院内のリエゾン看護師にSさんの退院後の生活をしっかりと支援する必要があると伝えた。リエゾン看護師は医療ソーシャルワーク室に支援を求めた。病院内での問題や退院への支援をしている相談室のDソーシャルワーカーがSさんの治療チームに加わり、Sさんと家族に面接をすることになった。

【Sさんの病室でのDソーシャルワーカーとの面接（Sさんの妻も同席）】
Sさん「新しいB先生はなかなか病室に来られないし、来てもあまり話を聞いてくれているふうにはとても思えない。今日は午後2時に診察に来るといっておられたので、家内も仕事を切り上げて病室に来て先生とお話をしようと待っていたのに、夕方になってようやく病室に来られたんです。しかも、ほんの少しだけで、辛い症状を訴えても、特に変化はありません、とだけで説明は何もないんです。そして、退院したら外来に

来てくださいといって病室から出て行かれた。ことばは丁寧なんですが、なんだか上っ面のような感じで、もうこの患者は手の尽くしようもないと思っている感じで……。」

Dソーシャルワーカー「主治医が替わるというだけでも大変なのに、痛みを訴えられても聞いてもらえないのでは不安がいっぱいでしょう。それに、奥さまも退院後の看病のこともあって、お聞きになりたいこともいっぱいおありだったでしょうに。」

Sさんの妻「そうなんです。ある日、急に主治医がA先生からB先生に替わったし、替わった理由も十分にわからなくて、戸惑いました。」

Dソーシャルワーカー「ここでは病状が安定したあとは内科医が引き続き患者さんを診ていきますが、ちゃんとした説明がなかったことで、ずいぶんとイヤな思いをされたのですね。私たちワーカーは医療チームとして先生とお話しする機会がありますので、気がかりなことは私にも言ってください。これからSさんや奥さまと一緒に、入院中の心配や退院などのことでご相談していきたいと思います。」

Sさん「そういう体制になっているのですか。前のA先生は治療方針や予後についてしっかりと説明をしてくださったので、余計にそう感じたんですね。いつまでもここで入院していることもできませんから、退院後の生活を考えていきます。妻も看病と仕事とで大変ですので、どうすればいいのか教えてください。よろしくお願いします。」

Dソーシャルワーカー「明日またうかがいます。そのとき、退院したあと、

どのようなことが必要か、奥様も一緒にいてもらって話をしていきたいと思います。また、家で安心して療養できるようなサービスについても話をしていきたいと思います。」
　Sさん「助かります。家に帰ることに少しずつ自信が出てきました。」

## (2) Sさんのカウンセリングのポイント

　Sさん夫婦の生活を支える複数の専門職との連携をめざした**ケアマネジメント**をモデルとしたSさんのカウンセリングのポイントを考えてみよう。
　ケアマネジメントとは、利用者が地域で自立生活をすることができるよう支援する社会福祉の実践モデルのひとつである。ケアマネジメントでは、相談援助者は、住み慣れた家で自分の心身をコントロールし、ストレスに対応できるような生活を望む利用者の感じや訴え、そしてニーズを大切にし、情報提供・生活設計支援・サービス提供組織との調整を主に行う。昨今、高齢者や精神障害者領域では積極的に実践されているモデルである。
　この事例のDソーシャルワーカーは、Sさん夫婦と一緒になって、退院後の生活に必要となる福祉サービスを中心に生活設計を立てようとしている。がんのステージが進んでいるSさんは、まだ働いている妻との2人暮らしでは人手もなく在宅医療は難しいので入院していたいと考えている一方、主治医は退院をすすめている。こうしたジレンマに立ち往生しているSさんを助けるためには、退院後の生活設計を立てる手助けをし、Sさんの不安を軽減していくカウンセリングが必要となってくる。
　Dソーシャルワーカーは、まず、主治医に見捨てられているというSさんの気持ちを受け止めた。それと同時に、退院をするにあたってSさんの療養生活を支援するさまざまなサービスの情報を提供し、また、退院後のサービス提供者と相談できるようアレンジしたのである。Dソーシャルワーカーは、Sさんが退院するまでに、以下のような専門スタッフとの面談をコーディネイトし、Sさんの生きる力の回復に手を差し伸べた。

・介護保険制度の利用
・ケアマネジャーの紹介
・訪問看護ステーションスタッフとの面談
・自宅の近くにあり訪問診療をしてくれる医療スタッフがいる、クリニックの紹介

　さらに、SさんとSさんの妻には、退院後でもDソーシャルワーカーといつでも連絡できること、また、主治医にも遠慮せず電話してよいことなどを伝えることによって、自宅医療と現在の病院医療とが切り離されていないことを示した。

　この事例のように、人は今までの人生では考えられないような生活を始めざるを得ない事態に直面し、福祉サービスを必要とすることがある。それを援助する相談者は、個人や家族だけでは解決することができない生活上の問題はどのような人にも起こりうることを説明し、かつ、来談者が自らの力を回復していく過程を援助することが求められる。

## 4　おわりに

　自分の心配や苦しみに対処できない状況にいる時、人は現状を改善するため専門職の援助を必要とする。社会福祉領域についていえば、こうした状況の人は、乳児から高齢者まで、そして身体的・知的・精神的な障害をもっている人から、ホームレス、生活困難者、独居者まで、多岐にわたっている。誰しも、他人の手を借りないで日々の暮らしを続けたいと願っていても、人生のどこかの段階で他者の支援や支援機関のサービス、制度のサービスを必要とすることが生じる。それは、いつでも、誰にでもいえることなのである。

　人びとが必要とする福祉サービスには、人的支援、物的支援、制度的支援と幅が広い。具体的にいうと、子育て支援や保育園の利用、学童保育、子どもが成長していくための通所訓練、障害者や高齢者の生活介護、就労支援、

地域で生活するためのグループホームやショートステイなどがあり、制度支援としては、生活保護、介護保険、障害者手当など、本当に多種多様である。

この章にあげた2つの事例は、問題解決アプローチとケアマネジメントを実践モデルとして活用し、前述のような福祉サービスの提供を試みた例である。そして、いずれの場合も、利用者の弱いところや病的なところを見るのではなく、もっている力や強さや能力や可能性に光を当て、その人たちが自信を取り戻し、進みたいと願っている道に向けて支援することを大事にしているのである。

これを人間理解という側面から捉えると、「人は本来的に回復する力があり、阻害されている要因を取りのぞき、あるいは減らすことができれば、自信の回復と自己肯定感をバネにして、より質の高い生活をすることができる」と言い表すことができるであろう。そして、それを援助する専門職が大切にしなければならないことは、

・信頼を生み出す関係を築き、
・理解を示し目的をもって聴き、
・ことば・しぐさ・表情などをもトータルとして受け容れ、自由に表現できるよう促し、
・自分自身の問題を解決しようという気持ちが生まれるのを待ち、
・その人にふさわしい解決法を一緒に見つけていくことを知ってもらうこと

である。これが福祉現場のカウンセリングの基本姿勢なのである。

福祉サービスを必要とする人たちは、ともすれば、社会的弱者ゆえに福祉制度やサービスを受けざるを得ないという引け目をもちやすい。こうした要因には、社会的弱者だけを対象としてきた社会福祉の歴史が背景としてある。さらには、サービス提供者側に、対象者を「弱者」とみなしたり、「問題を解決してあげる」という姿勢が見えがちであったことも否定できない。援助者には、このような陥りやすい過ちを常に自問自答して、援助を行うことが

求められているのである。


【レポート課題】
1．福祉に生かされるカウンセリングで相談援助者に求められる姿勢を述べなさい。
2．あなたが事例1の援助者であれば、A子さんが望んでいる地域で自立した生活をしたいという訴えに、どのように取り組みますか。

【参考書】
久保紘章・副田あけみ（編著）(2005)『ソーシャルワークの実践モデル』川島書店
空閑浩人（編著）(2009)『ソーシャルワーク入門 —— 相談援助の基盤と専門職』ミネルヴァ書房

第 14 章
# 現場のテーマを研究へつなぐ

## 1 実践から研究へ ── 心理学研究とは何か

### (1) 知識の源

　人類は太古の昔から、生き延びるための知識や、より快適に生きるための知識を、生活という経験のなかで学んできた。そしてそれらは文化や風習へと内在化されたり、民族や一族のなかでの伝承となったり、または格言などの形で受け継がれてきた。このようにして獲得された知識を、ここでは**経験的知識**と呼ぶことにする。このタイプの知識の特徴は、新たな知識を得るための意図的または計画的な行為が行われていないことと、得られた知識の真偽が能動的には確認されていないことである。真偽が確認されていないことが、すべて誤りであるとは限らないが、一方では相反する知識が並立していることも少なくない。また、日常生活では経験しないような事物についての知識を得ることは不可能である。

　それに対して、ギリシャ哲学として開花し、中世期以降に特に発展した学問を通して得られた**学術的知識**も存在する。その特徴は、純粋に知識を獲得することを目的とした活動を行い、かつ得られた結果の真偽を厳格に判定するところにある。それゆえ日常生活では決して経験しないような問題を扱うこともできるし、また得られた結果に誤りが含まれることはあまりない。19世紀後半以降の現代心理学は、学問として人間のこころや行動に関する新し

い学術的知識を獲得することを目標に歩んできたのである。

### (2) 実践研究のすすめ

　看護や福祉、教育など対人援助の実践においては、さまざまな未知の問題に直面することが多い。その際には「なぜなのか？」という疑問についてや、「どうすればよいか？」という処方についての検討が、個人または組織として行われねばならない。このような実践を通して蓄積されていく知識は**実践的知識**と呼ぶことができ、経験的知識と学術的知識のちょうど中間に位置するものと考えられる。すなわち、意図的に新しい知識を求めようとしている点では学術的であるが、客観的なデータに基づく真偽判断が欠けているという点では経験的な範囲を超えていないためである。

　そこで実践的知識を学術的知識へと高めていくためには、実践現場における研究を進めていくしかない。そのためのキーワードは**客観性**あるいは**相互主観性**である。「理由はないがなんとなくそんな気がする」「きっとそうに違いないと思う」「これまでそれでうまくやってきた」といった話は一切止めにして、誰もが納得するような知識を獲得せねばならないのである。そこでのポイントは2つあり、第1は根拠となるデータを提示するという**実証性**、第2は飛躍や主観を含まないという意味での**論理性**である。人間のこころや行動についての新しい知識を求めようとする現代心理学の意義が問われているところである。

## 2　探求への出発点 ── 研究スタイルの違い

　実践的研究の相互主観性または客観性を高めて学術的な水準にまで発展させていくためには、何を、どのように探求するかについての枠組みを知っておくことが大切である。

## （1）量的研究と質的研究

　現代心理学の歴史のなかで、量的研究という表現がわざわざ使われることは、あまりなかったと考えられる。なぜならば、ウェーバーやフェヒナーなどによる精神物理学の成立で始まったとされる現代心理学においては、人間のこころや行動に関する情報を数量化し、それを統計的に分析するという**量的研究**が主流だったからである。

　こうした量的研究を中心とする現代心理学への批判や限界論を背景として、近年、臨床心理学分野に限らず、**質的研究**の意義を強調する考え方が一部で広がり始めている。量的研究では、実験法や調査法などから得られる数字で表現された**量的データ**（**数量的データ**ともいう）が分析対象となる。一方、質的研究では観察法（自然的観察）や面接法などから得られる情報を文章化したもの、または文章化される以前の段階にある制作物、映像・音響記録などの素材そのものが分析されるが、これらはまとめて**質的データ**（**記述的データ**ともいう）と呼ばれている。

## （2）統計的研究と事例研究

　**統計的研究**の前提となっているのは、**母集団**と**標本**という考え方である。母集団全体からデータを収集する悉皆調査は一般的には不可能であり、仮に可能であったとしても、時間的または経済的な無駄が多すぎることになる。そのために母集団の一部だけからデータ収集を行う**標本調査**が実施されることになる。

　全体集合である母集団から、その部分集合である標本を選ぶ方法のことを**標本抽出法**という。そこでの基本は**完全無作為抽出**と呼ばれている方法で、全体集合からくじ引きと等価であるとみなされる作為のない方法によって、一度に標本を選び出す方法である。この方法が不可能であるか、あるいは合理性に欠ける場合には、以下のような方法がとられることもある。**多段抽出**

というのは、最終的に必要な標本よりも大きな単独または複数の部分集合を無作為に作成し、そのなかからさらに無作為抽出を行って最終的な標本を得る方法である。もうひとつの**層別抽出**では、結果に影響を及ぼすと考えられる下位集団を層化して、各層ごとに無作為抽出が行われる。社会調査でいえば、世代や性別、居住地域などが層化の基準として使われる。なお、大規模な調査・研究においては、両者を組み合わせた**層別多段抽出**が行われることも多い。

　統計的研究では、このようにして母集団から抽出された標本についてデータを収集し、それが数理統計学的な手法で分析されることになる。それに対して**事例研究**においては、母集団からの標本抽出という考え方はとらず、研究に値すると判断された事例が意図的に選ばれている。たとえば臨床心理学においては、研究者自身がカウンセラーまたはセラピストとして関与したクライエントのなかから、特に意味があると考えられたものが選択される。また、特殊な能力や未知の症例を扱うときは、その希少事例そのものが研究対象とされねば意味がない。

　通常、事例研究では単一事例か、類似あるいは対比という観点から選ばれた少数の複数事例が報告される。そこでは選択した事例を詳細かつ多面的に捉えることが最大の目的であり、得られた情報を数量化して統計的に分析するのではなく、生起した事実とそれに対する報告者の洞察を中心に文章化が行われる。別の表現をすれば、統計的研究では多くのデータのなかから一般化が可能な客観的知見を導き出そうとしているのに対して、事例研究においては、相互主観性に準拠して、一般性ではなく事例のもつ固有性を深く追求しようとするものである。

### (3) 仮説検証的研究と探索的研究

　研究計画を立案する段階において、どのような結果が得られると考えているのかを**研究仮説**または**実験仮説**という。ここでいう仮説とは、結果に関する漠然とした予想や主観的な期待ではなく、直接的あるいは間接的に関連す

る先行研究の結果や、背景となる理論的枠組みなどから、論理的に演繹されたものでなければならない。実際、投稿論文の査読や学会発表の質疑、口頭試問等において、「なぜこのような仮説が成立するのか」や「あなたの希望的予測に過ぎないのではないか」といった話も少なくないのである。

さて、このような研究仮説または実験仮説を立てた上で、その真偽を明らかにすることを目的として行われる研究を、**仮説検証的研究**という。先行研究の蓄積により一定程度以上の学術的成果がすでにあり、それをさらに一歩前進させるときに有効な研究法である。それに対して、論理的な裏付けのある仮説が立てられないような状況において、今後の研究発展につながるような資料や情報を集めようとするのが**探索的研究**である。当該領域に関する先行研究や理論的枠組みが乏しい場合に、文字通り「手探り」的に行われている。ただし、厳密な仮説は立てられないにしても、最適な研究方法を追求していく上で、得られる結果に関して予測しておくことは大切である。その際、単独の結果に絞り込めないときは、複数の可能性がある候補群でもよい。いずれにせよ、探索的研究から始めなければならないとき、そればかりを繰り返すのではなく、仮説検証的研究に発展させていくような努力が特に重要である。

### (4) 縦断的研究と横断的研究

発達心理学に代表されるような個体の時系列的な変化、すなわち年齢あるいは学年、勤続年数など違いに注目した研究を行おうとするとき、以下のような2通りのアプローチが考えられる。たとえば大学生活の4年間で職業観がどのように変化するかを調べるとき、1年生から4年生までの4群のデータを一度に収集する方法は**横断的研究**と呼ばれている。短い時間ですべてのデータが得られるというメリットはあるが、もしも何らかの違いが認められたとしても、それが純粋に学年差によるものかは一概に判断できない。

このことは学年ごとの測定対象が異なることに起因しているからであり、そこで、同じ測定対象に限定して1年生から4年生まで約4年間をかけて、

いわば追跡的にデータ収集するものを**縦断的研究**という。個体発達などの時系列的変化を研究する際には、もっとも望ましい方法ではあるが、とにかくデータ収集に非常に長い期間が必要なのが難点である。また、何らかの理由で測定対象者が減少したとき、途中からの補充が一切できない点にも注意が必要である。

## 3　いかに探求するか ── 研究方法の違い

### (1) 観察法

　心理学研究における広義の観察には、自然的観察と実験的観察が含まれるが、ここでは前者を**観察法**、後者を**実験法**と呼んで区別しておこう。まず観察法は、可能な限り自然な状況下において情報を収集しようとしている点がもっとも注目される。それに対して面接法や調査法や実験法などにおいては、程度の違いはあるにせよ、データ収集のための非日常的な課題あるいは場面が設定される。

　観察法のなかには、観察しようという意図が伴わない日常生活での偶発的な観察や、日誌法などのように意図的ではあるが事前に観点や基準を定めないで行う自由な観察も含まれる。しかしながら研究方法としては、何をどのように観察するかが事前に定められている**系統的観察**（**組織的観察**ともいう）がとりわけ重要である。そこで使われる方法としては、一定の時間間隔で観察する**時間標本法**、日常生活のなかで起こる出来事に関して、特定の状況に注目する**場面標本法**、特定の出来事に注目する**事象標本法**がよく知られている。また、観察結果の記録方法のなかで量的データが得られるものとしては、予想される行動のリストを作成しておき、該当する行動が生起すれば記録していく**チェックリスト法**や、生起している状況の程度をあらかじめ用意された尺度上で評定する**評定尺度法**などがある。一方、観察中に生起した事象や状況のなかから必要だと考えられるものを自由記述する方法は**逸話記録法**

(**行動描写法**ともいう）と呼ばれており、適切な言語化が行われるならば有効な質的データとなる。

観察法の利点を十分生かすためには、観察者自身やビデオカメラなど記録機器の存在が観察対象者に影響を与えないような配慮も必要であるが、それとはまったく逆の発想で、観察者が観察対象者に積極的に関与していく**参加観察法**という手法も存在する。

### (2) 面接法

面接法には、純粋に研究データの収集を目的とした**調査的面接**や、カウンセリングやセラピーで代表される**臨床的面接**がある。この臨床的面接は、そもそもは治療あるいは支援を目的として開始されるものであるが、その経過のなかで主訴に至った機序や治療・支援での洞察などが論じられる。また、それらと平行して行われる**心理検査**の結果と結びつけて論じられることもある。この臨床的面接で学術的な成果をあげていくためには、臨床家としての実践力と研究者としての考察力の両方が不可欠であり、さらには適切な助言・指導が受けられる**スーパーバイザー**の存在も大変重要となってくる。

一方、データ収集を目的とした面接法には、あらかじめ周到に準備された質問項目に対して順番に回答させていく**構造化面接**、具体的な質問項目は用意せず回答者の反応に応じて柔軟に対応していく**非構造化面接**、その中間的な方法として、質問項目は一応準備するが臨機応変に変化させる**半構造化面接**と呼ばれる手法が存在している。相対的にみて、信頼性の高いデータが得られるのは構造化面接であるが、より広範な情報が集まる可能性があるのは非構造化面接である。

### (3) 調査法

**調査法**は、観察法および面接法と次に述べる実験法の、ちょうど中間に位置づけられる研究法である。心理検査や質問紙などによって明示的で系統的

なデータ収集が行われるが、現状について調べているという点で、条件統制は必ずしも厳密には行うことができない。

　この調査法のなかでも、世論調査や意識調査、社会調査などでは、どのような母集団を想定して、いかに標本抽出を行うかが非常に重要となる。これに対して性格や能力などの個人特性に関する心理学研究の場合は、厳密な標本抽出法にはよらず、ボランティアの協力者や特定授業の出席者である場合も少なくない。そのような場合には研究内容を十分ふまえた上で、得られた結果がどの範囲まで一般化できるかについての配慮が必要である。

　実施方法については、集団式または個別式の**対面法**、渡しておいて後に回収する**配布法**、送付して返送してもらう**郵送法**などがある。また最近では無作為に選んだ番号に電話をかける**RDD法**や、インターネットのホームページを利用する方法なども一般的になりつつある。これらのなかでもっとも優れているのは個別式の対面法であるが、時間的・労力的な制約から多数に実施することは容易でない。また、広く呼びかけて得られた自発的な協力者を対象とするときは、必ずしも不特定多数からの無作為な抽出になっていない可能性があることに注意が必要である。

## (4) 実験法

　**実験法**でもっとも重要なのは、結果に影響を与えると予想される諸要因または諸条件を、研究者自身が可能な限り制御しようとする点である。研究目的である実験条件と統制条件を厳密に設定することのほか、検討対象ではないが結果に影響を与えると考えられる**剰余変数**については系統的に抽出するか、それができなければ無作為化せねばならない。これらが可能であるならば、実証科学の立場からみて、実験法はもっとも優れた方法である。

　一方、理論的あるいは現実的、倫理的な理由から、すべての心理学分野で厳密に統制された実験が行えるわけではない。感覚・知覚、動物学習、生理心理などでは広く行われているが、心理臨床や発達支援教育などの実践的分野ではほとんど不可能であろう。また、実験法を突き詰めていけばいくほど、

実証的研究としての意義は高まるが、**生態学的な妥当性**が低下して、「実験室内だけでの非日常的な場面」における研究に陥るという批判もある。

こうした研究方法と研究スタイルのおおよその関係をまとめたのが、図14-1 である。

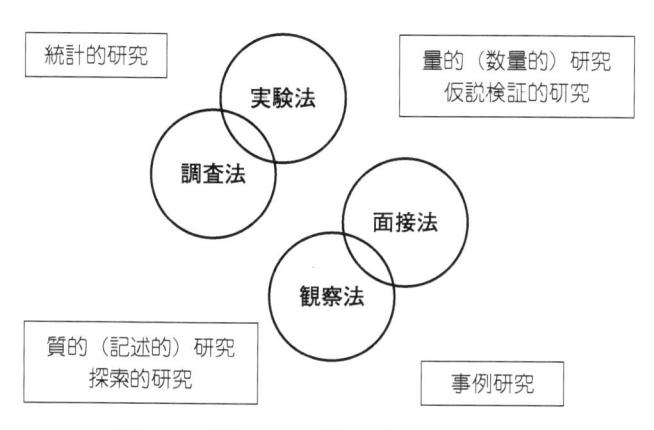

**図14-1 研究のタイプと研究法の概略的関係**

## 4 心理測定の基礎 ── 信頼性と妥当性

### （1）信頼性

古典的テスト理論と呼ばれている領域においては、測定方法の優劣を判断するための基準として、**信頼性**と**妥当性**という2つの異なる概念が定められている。信頼性とは、測定の精度に関する指標であり、得られる測定値が未知である測定対象の真の値とどの程度まで一致しているのかを問題にしている。ここでの真の値からのずれは**測定誤差**であり、測定を反復したときの誤差の分散が、測定値そのものの分散と比べて、どの程度含まれているかをさしている。当然ながら、誤差分散が相対的に大きくなるほど信頼性は低下し

ていく。ここで測定対象の真の値は変わらない、および測定誤差の規模はランダムに変動すると仮定すると、同一対象に測定を繰り返すとき、毎回得られる測定値がどれだけ変動するかということであるから、測定値の"安定性"と考えてもよい。平易に言えば、真の値が不変なとき、「誰が、いつ、どこで測定しても同じような結果が得られるか」ということである。一定程度以上の信頼性は、それが測定道具であるための必要不可欠な要件であり、それが十分でないときは「くじ引き」をやるのと等価になってしまう。

　信頼性を検証する方法としては、同一の測定を同一の対象に一定期間が経過した後に行う**再検査法**、同等である2つの測定を同一の対象に連続的あるいは一定期間が経過した後に行う**平行検査法**がある。また、一度の測定だけで信頼性を検証する方法としては、検査を構成している下位項目間の内容的な一致をみる**内的整合性**を推定すればよい。具体的には、たとえば偶数番目と奇数番目で下位項目を分割して両者の相関係数を求める**折半法**や、信頼性係数として**クロンバックのα係数**を算出する方法などがある。

### (2) 妥当性

　信頼性がなければ測定道具に値しないことはすでに述べたが、仮に信頼性が十分高かったとしても、それが測定したい特性を正しく測っていなければ意味がない。この点を議論しようというのが**妥当性**という概念であり、簡単に言えば、「本当に測りたいものが、意図どおりに測られているか」ということになる。測定の"有意味性"または"有用性"と考えておいてもよいであろう。この妥当性にはさまざまな異なる要素が含まれており、近年、信頼性を包括するような議論も行われているが、ここでは広く知られている米国心理学会などが示した分類を紹介しておく。

　最初は**内容的妥当性**と呼ばれるもので、実際に測定する項目のなかに、測定しようとする領域の内容が適切に含まれているかという点である。測定すべき内容が測定項目に反映されていなければならないのは当然であり、理論と実証の両面から検討されねばならない。次に測定目的と密接に関係すると

考えられる外的な基準が別に存在しているとき、両者の相関をもって**基準関連妥当性**と呼ぶ。外的基準が、測定目的が同じである別の測定ならば**併存的妥当性**、時間が経過したあとで行われる測定ならば**予測的妥当性**といい、いずれも実証的に検証される。最後は**構成概念的妥当性**と呼ばれているが、構成概念とは実証的な研究成果や実践的な経験を総合して導かれる理論的な定義のことである。その構成概念がどの程度まで適切に測定されているかに注目するもので、これを検証することは必ずしも容易ではない。なお、ここでは先に概念を定義した上で測定方法の適否を考えているが、その逆の操作主義的定義によれば、測定方法そのものによって概念が定義されると考えられている。

　信頼性と妥当性とは並列的ではなく階層的な関係にあり、信頼性が下層で妥当性が上層をなしている。したがって、信頼性が高いことは妥当性が高いことを保証するものではないが、妥当性が高いときは信頼性も必ず高いといえる。そして信頼性が低いときは妥当性も常に低いと断定できるのである。


【レポート課題】
1．探索的研究と仮説検証的研究それぞれに適した研究方法についてまとめなさい。
2．心理測定における信頼性と妥当性の違いについて述べなさい。

【参考書】
大山　正・岩脇三良・宮埜壽夫（2005）『心理学研究法 ── データ収集・分析から論文作成まで』（梅本堯夫・大山　正監修, コンパクト新心理学ライブラリ 12），サイエンス社

南風原朝和・市川伸一・下山晴彦（編）（2001）『心理学研究法入門 ── 調査・実験から実践まで』東京大学出版会

第 15 章
# 研究方法の基礎を学ぶ

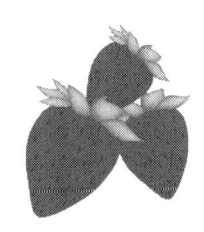

## 1　心理測定の実際 ── 性格検査を通して

　心理臨床においては、対象者の特性や状態をできるだけ正確に、また多面的に把握しておかねばならないのは当然である。そのための方法のひとつである性格検査を通して、心理測定の一端に触れておきたい。

### (1) 質問紙法

　**質問紙法**（**人格目録法**ともいう）は、性格特性や行動様式、思考傾向などを記述した短い文章について、自分自身がどの程度当てはまると思うかを「はい・いいえ」の2件法や「はい・どちらでもない・いいえ」の3件法、または「非常によく当てはまる～まったく当てはまらない」での4～7段階評定法などで回答させる方法である。標準化されている代表的なものとしては、ミネソタ多面人格目録（MMPI）やモーズレイ性格検査（MPI）、矢田部・ギルフォード（Y-G）性格検査、EPPS検査などがよく知られている。

　質問紙法は実施と採点が比較的容易であり、検査結果を数量化して客観的に示すことができ、かつ性格特性が質問の段階で言語化されているため解釈しやすいなどの特徴がある。逆に欠点としては、言語化できる表層的なレベルでしか性格を捉えられない点や、短い文章が個人ごとに多義性をもつ可能性があること、価値観を含む項目では自己防衛のため意図的に歪められた回

答が得られる可能性があることなどである。

　この質問紙法に見られる測定技法上の共通性は、潜在的には同じ内容を意味すると判断された異なる文章表現の項目をできるだけ多く用意して、個々の項目での反応についてではなく、各項目の積み重ねによって性格を診断しているところにある。たとえばY-G性格検査の場合、質問項目は120であるが、10項目ずつが12の尺度（性格因子）を構成しており、3件法での回答は0～2点で得点化されるため、各尺度の合計点は0～20点となる。一定期間が経過後、同じ人に2度の検査を行ったときの再検査信頼性は、項目ごとでは決して高くないが、各尺度の10項目の合計得点では高くなることが知られている。

## (2) 作業検査法

　**作業検査法**とは、一定の統制された条件のもとで何らかの作業をさせて、その作業結果に基づいて性格を診断しようとする技法の総称である。この方法の最大の特徴は、受検者に性格を測定していることを意識させない点であり、意図的に歪められた反応を誘発する可能性はきわめて低い。また、他の方法と比べて、よく条件統制された環境において検査できるという長所もあるが、それは単純作業の反復というきわめて限定的な場面での性格しか扱えないという制約でもある。

　具体的な手法としてはダウニー（桐原）意志気質検査やキャッテル固執性検査などもあるが、わが国では内田・クレペリン検査が職業適性診断などで広く使われている。この検査では、1桁の整数を足し算して答えの下1桁を記入するという作業を、前半15分、5分間休憩、後半15分という時間配分で行わせる。ここで注目されるのは1分間ごとの計算量の変化をあらわす作業曲線であり、定型曲線と呼ばれている標準的なパターンから、どの部分がどの程度まで逸脱しているかが判定され、意志、興奮、努力、慣れ、疲労などの要因と関係づけて診断が下される。

### (3) 投映法

　**投映（影）法**というのは、精神分析学における投射という概念をもとに作成されている性格検査の総称である。投射というのは、抽象的あるいは多義的な刺激に対する個人ごとの反応に込められた防衛機制だと考えられており、それを系統的に分析することで、個人のなかに潜む無意識の世界を引き出そうとするものである。手続きと解釈が定められている標準化された質問紙法や作業検査法と比べて結果の解釈が主観的または恣意的になりやすいが、熟達した検査者が結果の解釈を行うならば、人格のより本質的なレベルまで到達できる手法だといわれている。また、作業検査法と同じで、自己防衛的な虚偽反応が起こりにくいというのも特徴のひとつである。

　代表的な投映法による性格検査としては、「インクのしみテスト」とも呼ばれるロールシャッハ法や、曖昧な状況が描かれた絵画をもとに空想的な物語を創らせる絵画（主題）統覚検査（TAT）、トラブル事態の被害者になったときどう発言するかを問う絵画フラストレーション・テスト（P-Fスタディ）、「わたしは……」などで始まる未完成な文章を用いる文章完成法（SCT）、実のなる木の絵を自由に描かせるバウムテストなどがある。

## 2　心理統計の基礎 ── 測定の尺度水準

　質的研究においては、生起した事実を言語化したものが検討の出発点となるのに対して、量的研究では、心理学的測定法によって数量化された情報が統計的分析の対象となる。いうまでもなく、数量化された結果は「数字（numeric character）」で表現されるが、それがどの程度まで「数（number）」としての性質をもつのかは、測定の方法に依存している。たとえば、2は1よりも大きいのか、4と3の差は2と1の差と同じなのか、2は1の2倍なのか、これらは算数や数学の世界で使われる本物の数においてはもちろん正

しい。しかしながら、心理学的測定法の結果として得られた数字については、常に正しいとは限らないのである。スティーヴンス（Stevens, S. S.）は測定の尺度水準という観点から、この問題についての整理を行った。

## (1) 比例尺度

　数字のなかでもっとも数としての性質を備えているのが**比例尺度（比率尺度、比尺度ともいう）**であり、四則演算を行った結果に実質的な意味が認められる。とりわけ他の水準との違いは、2は1の2倍であるというように、2つの測定値の比を直接とっても有意味だという点であるが、これは原点としてのゼロが体系的に有意味である場合に限られる。一般に重さや長さ、時間、お金、絶対温度（°K）などはゼロに意味があるため比例尺度である。しかし心理学研究においては、物理量や生理学的指標などを除けば、比例尺度が得られることはあまり多くない。

## (2) 間隔尺度

　2番目は**間隔尺度**と呼ばれているもので、直接、比をとっても意味がないが、差の比ならば意味をもつというものである。差をとるという減算操作によって原点に関する情報が失われ、その結果として残る間隔あるいは幅の大小比較は有意味となる場合である。たとえば、適切に作成された学力検査の得点は間隔尺度として扱われるのが普通である。学力テストの得点がゼロであるということは、出題された問題にはまったく正答できなかったが、そのことは当該教科の学力が皆無であることを意味していない。したがって零点というのが体系的あるいは実体的に無意味であるから、比例尺度とはみなせない。一方、50点と60点の差は、70点と80点の差とは等しく、40点と45点の差の2倍であるという議論が成り立つならば、間隔尺度だといえる。

### (3) 順序尺度

このような差の大小を比較することはできないが、数字そのものの大小関係には意味のあるものを**順序尺度**（**序数尺度**ともいう）と呼ぶ。成績順の1番、2番……や競争順の1着、2着……などがそうであり、各順位の間の差が僅差なのか大差なのかは一切問題とされないことになる。なお、「番」や「着」を伴う順位数が順序尺度であることは自明であろうが、外見上は間隔尺度以上の水準にあると思われるような測定値であっても、その測定方法に何らかの問題が含まれていれば、順序尺度としかみなせないこともあるので注意が必要である。

### (4) 名義尺度

最後は、数字の大小関係の比較すら無意味であり、同じ数字を割り当てられた測定対象は何らかの基準上で同じグループに属するという意味しかないのが**名義尺度**である。たとえば性別について男は1で女は2とするとき、1と2の大小を議論することがまったく無意味なのは明らかであろう。規則的な一貫性さえ守られていれば、逆に男は2で女は1であっても何ら問題はないし、数字を使わずに男はMで女はFとしてもよい。

これら4つの尺度水準の関係は、数としての性質がもっとも強い、換言すれば、数字に含まれる情報量がもっとも多いのは比例尺度であり、以下、間隔尺度、順序尺度、名義尺度となる。そして上位の水準は下位の水準の性質も備えているが、たとえば身長の165cmは当然ながら比例尺度であるが、身長が165cmの人びとは同じグループに分類されるという意味では名義尺度の性質も併せ持っている。それゆえ上位の尺度水準にある測定値を下位の尺度水準とみなすことは、誤りではないが、情報の損失という意味では賢明でない。逆に、下位の水準に上位の水準を適用すること、たとえば名義尺度

で大小を論じる、順序尺度で平均値を求める、間隔尺度で直接的な比率を扱うことなどは、すべて誤りである。なお、測定の尺度水準については、測定値の変換可能性という観点から理解することもできる。

このスティーヴンスの尺度水準よりも大まかな分類として、**定量的データ**と**定性的データ**という2分法も存在する。前者には比例尺度と間隔尺度、また後者には順序尺度と名義尺度がそれぞれ含まれる。注意しておきたいのは、両者とも数字であらわされる量的データであって、質的研究における質的データではないという点である。

## 3　心理統計の実際1 ── 似たものを探す

### (1) 相関

**相関**というのは、2変数間の関連性の程度をあらわす統計的な概念のことである。たとえば、$n$人の生徒に対する2教科のテスト結果を数学 $Xi$、国語 $Yi$ $(i=1,2,\cdots,n)$ とすれば、$Xi$ が大きいときは $Yi$ も大きく、$Xi$ が小さいときは $Yi$ も小さい傾向にあるのかについての程度をあらわす。この例では「数学ができる人は国語もできて、数学ができない人は国語もできない」ということがどの程度まで言えるのか、または言えないのかを指している。このように片方が大きければもう一方も大きくて、小さければ小さいときは正の相関、逆に、片方が大きければもう一方は小さく、小さければ大きいときは負の相関という。相関の前提となっている**回帰**という概念からいえば、片方の変数から、もう一方の変数がどれぐらい正確に予測できるかということである。平易に言えば「2つの変数がどれぐらい似たような変動をしているか」ということになる。ここで注意しておきたいのは、$Xi$ から $Yi$ を予測しても、$Yi$ から $Xi$ を予測しても結果は同じであり、つまり相関には因果関係についての情報が直接的には一切含まれていないということである。

## （2）相関係数

　この相関を量的にあらわす統計的測度が**相関係数** $r$ であり、$-1 \leqq r \leqq +1$ までの値によって表示される。そこでの絶対値は相関の程度であり、$|r|=0$ で無相関、$|r|=1$ で完全な相関、その間は絶対値 $|r|$ に応じた程度の相関があることを意味している。そして符号のプラス・マイナスは先に述べた正の相関と負の相関、すなわち両変数の増減傾向を示している。具体例を示せば、$r=+0.8$ ならば「かなり強い正の相関がある」（図 15-1 参照）とか、$r=-0.4$ ならば「わずかに負の相関がみられる」（図 15-2 参照）などと一般に解釈される。

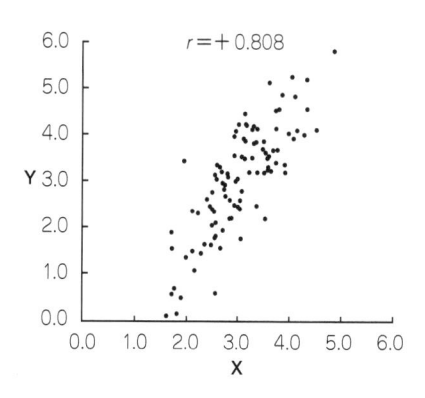

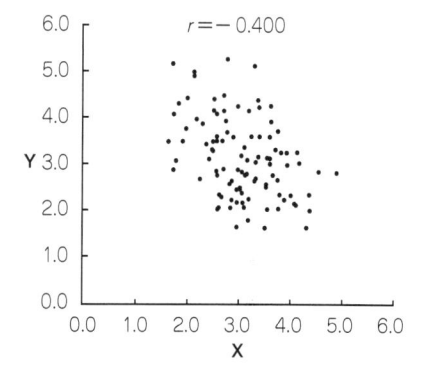

**図 15-1**　相関係数 $r=+0.808$ の散布図の例

**図 15-2**　相関係数 $r=-0.400$ の散布図の例

　相関係数には制約条件が異なるいくつかの計算式があるが、特に明示されていないときは、間隔尺度以上のデータについて、直線的な対応関係（線形回帰）を仮定する**ピアソンの（偏差積率）相関係数**を指すのが普通である。順序尺度であったり、間隔尺度であっても非直線的な対応関係にあったりするときには、**スピアマンの順位相関係数**や**ケンドールの順位相関係数**が用いられる。前者はもとのデータを1番、2番、……という順位数に変換してからピアソンの相関係数を算出したものであり、後者では純粋にデータの大小

関係の情報だけが使われている。これらのほか**四分相関係数**や**φ係数**、**ユールの連関係数**なども心理学研究で使われている。

　2変数のときは両者の相関をとればよいが、3変数以上になると扱いが複雑になってくる。たとえば $X, Y, Z$ という3つの変数があるとき、$X$ と $Y$ および $Y$ と $Z$ に高い相関があったとしても、$X$ と $Z$ については相関が高い場合も低い場合も起こりえる。したがって、変数の数がさらに多くなっていくと、総当たり的に2変数間の相関を求めても、結果をどのように整理・解釈してよいかわからなくなる。そのようなときに使われるのは**多変量解析**およびその関連手法であるが、特定の変数と残りの変数の関係を分析する手法としては（外的基準がある場合）、**重回帰分析、判別分析、正準相関分析、数量化Ⅰ類およびⅡ類**などがある。また、変数相互の関係に注目するときは（外的基準がない場合）、**因子分析、主成分分析、潜在構造分析、多次元尺度法、クラスタ分析、数量化Ⅲ類**などが適用される。

## 4　心理統計の実際2 ── 違いを見つける

### (1) 検定の原理

　第14章で述べた通り、統計的研究では、母集団と標本という考え方が基本になっている。そもそも議論したいのは母集団全体についてであるが、実際にデータとして収集したのは標本についてだけである。標本から得られる平均値や度数・比率などを比較して、それに何らかの違いが認められたとしても、そのことが母集団全体についても当てはまるのかどうかは即断できない。一部分（標本）の情報だけで全体（母集団）を論じるためには、**推測統計学**（略して推計学）と呼ばれているそれなりの方策が必要となってくるのである。推測統計学は、母数そのものを予測しようとする**推定**と、母数に関する命題の真偽を判断しようとする**検定**に分かれる。ここでは心理学研究でよく使われる検定に絞り、これを**統計的仮説検定**と呼んで説明を進める。

さて、部分から全体を推し測ろうするとき、命題の真偽を確定的に結論づけることは絶対に不可能である。しかしながら、命題について何らかの判断を行ったとき、その判断が誤りである確率はどれぐらいあるのかについては、何らかの工夫をすれば知ることができる。そこで誤りである確率が一定の基準以下であれば、とりあえず、予測は正しいと判断しておくというのが、統計的仮説検定における基本的な考え方である。

統計的仮説検定は、① 帰無仮説を立てる、② 対立仮説を立てる、③ 帰無仮説下での**生起確率**を求める、④ 危険率（有意水準）を定めて判定する、という4つのステップで成り立っている。**帰無仮説**というのは、母集団全体についての仮説であるが、③ で生起確率を計算する前提条件となるから、数学的に一義で定まるものでなければならない。たとえば「等しい（等号）」は唯一無二の状態であるが、「違う（不等号）」は「わずかに違う」から「きわめて違う」までさまざまな状態が含まれている。それゆえ「等しい」は帰無仮説にできるが、「違う」はできないのである。このような条件のもとで帰無仮説は定められるため、そもそもの研究仮説や実験仮説とはまったく無関係である。たとえば、男女間の学力テストの平均値に性差が認められるということを検証しようとする研究であっても、「平均値は等しい」を帰無仮説とせねばならないのである。

**対立仮説**というのは帰無仮説を一定の範囲で否定したもので、④ における判定のために用意されるものである。ここでの一定の範囲とは、帰無仮説である「等しい」が否定されたとき、どちらが大きいか決められない（両側検定）、または、一方が必ず大きい（片側検定）という違いなどである。

**生起確率**というのは、母集団全体に対する帰無仮説が正しいという仮定のもとで、実際に収集したデータが、標本から得られる可能性はどの程度ありそうかをあらわしている。母平均は等しいという仮定のもとでは、標本平均の差が大きければ大きいほど、そのようなことは起こりにくい、すなわち生起確率は低くなっていくと考えてよいであろう。正確な確率を求める方法についてはあとで述べることにして、ここでは正しい生起確率が得られたとして話を進めよう。

統計的仮説検定において何らかの結論を下したとき、それが誤りとなるのは、帰無仮説が正しいにもかかわらず棄却して対立仮説を採択した場合と、逆に、対立仮説が正しいにもかかわらず帰無仮説を棄却しなかった場合である。前者は**第1種の過誤**（通称「せっかちエラー」）、後者は**第2種の過誤**（同「うっかりエラー」）とそれぞれ呼ばれている。④での危険率とは第1種の過誤、すなわち帰無仮説が正しいにもかかわらず対立仮説を採択してしまう確率であり、5％とされるのが普通である。そして③で求めた生起確率が危険率5％未満であるとき、帰無仮説を棄却して対立仮説が採択されるので、その判断が誤りである確率が5％以上になることはない。比喩的に言えば、統計的仮説検定においては、研究者にとって100回に5回未満のウソは許されていることになる。危険率を下げればその誤りを犯す確率は低下するが、一方で対立仮説が正しいことを見逃してしまう第2種の過誤を犯す確率が上昇してしまうのである。危険率5％というのは、2つの過誤を考慮した折衷案として経験的に定められたと考えておけばよいであろう。ここで特に注意しておきたい点は、統計的仮説検定は対立仮説が採択可能かどうかを確率的に議論するための手法であり、危険率が5％以上となって採択できなかったとしても、そのことは帰無仮説の正当性を積極的に証明したわけではないということである。

## (2) 検定の方法

実際に③で確率を求めるためには、いくつかの確率分布から適切なものを選ぶことになる。代表的なものとしては、**正規分布**とそこから導かれた**$\chi^2$分布**、**$F$分布**、**$t$分布**などがあり、使用する確率分布の名称により**$\chi^2$検定**、**$F$検定**、**$t$検定**などと呼ばれている。標本データから計算される統計量と自由度をもとにして、心理統計学の教科書などに掲載の分布表から確率を求めるが、コンピュータ上の統計ソフトウェアを使用した場合、確率そのものが出力されるのが最近は一般的である。

統計的仮説検定の具体例をいくつかみておこう。まず、母平均と標本平均

については正規分布を使って検定できるが、心理学では母平均が既知であることは決して多くない。一方、おそらくもっともよく使われているのは、2つの標本平均が得られているとき、$t$分布を使う**$t$検定**であろう。ここで2つの標本平均といっても、男女などのように異なる2つの母集団があるケースと、母集団は1つであるが異なる条件で同じ標本が2度測定されているケースがあり、計算式に違いがあるので注意が必要である。また度数や比率など差の有意性は、一般に$\chi^2$分布を用いる**$\chi^2$検定**が使われるが、観測度数が少ないときには**直接確率法**が適していることもある。さらに、3つ以上の平均を比べるための**分散分析法**では、$F$分布を使用する**$F$検定**が適用される。

### 【レポート課題】
1．性格検査における質問紙法と投映法それぞれの長所と短所について整理しなさい。
2．統計的仮説検定における4つのステップ（段階）について簡潔に説明しなさい。

### 【参考書】
山上　暁・倉智佐一（編著）（2003）『新版　要説心理統計法』北大路書房
渡部　洋（編著）（2002）『心理統計の技法』（シリーズ・心理学の技法）、福村出版

# 文 献

## 第 1 章

東山紘久（2000）『プロカウンセラーの聞く技術』創元社.
河合隼雄（1986）『心理療法論考』新曜社.
河合隼雄（1995）『カウンセリングを考える』上・下，創元社.
鈴木秀子（2005）『心の対話者』文春新書.
鷲田清一（1999）『「聴く」ことの力』TBS ブリタニカ.

## 第 2 章

エレンベルガー, H. F./木村敏・中井久夫（監訳）（1980）『無意識の発見』弘文堂.
池見陽（1995）『心のメッセージを聴く』講談社現代新書.
井上和臣（1997）『心のつぶやきがあなたを変える —— 認知療法自習マニュアル』星和書店.
乾吉佑他（編）（2005）『心理療法ハンドブック』創元社.
諸富祥彦（1999）『トランスパーソナル心理学入門』講談社現代新書.
小此木啓吾（1985）『精神分析の成立ちと発展』弘文堂.
ローゼン, P./岸田秀・富田達彦・高橋健次（訳）（1987-88）『フロイトと後継者たち』上・下，誠信書房.
菅佐和子他（2000）『臨床心理学の世界』有斐閣アルマ.
田畑治（編）（1998）『クライエント中心療法』現代のエスプリ 374, 至文堂.
氏原寛（1999）『ユングを読む』ミネルヴァ書房.

## 第 3 章

Drotar, D., Baskiewicz, A., Irvin, N., Kennell, J., & Klaus, M.（1975）The adaptation of parents to the birth of an' infant with a con-genital malformation: A hypothetical model. *Pediatrics, 56*(5), 710-717.
グランディン, T.・スカリアノ, M. M./カニングハム久子（訳）（1994）『我、自閉症に生まれて』学習研究社.
国立特別支援教育総合研究所（編）（2007）『発達障害のある学生支援ケースブック —— 支援の実際とポイント』ジアース教育新社.
厚生労働省（2009）「発達障害者支援法」http://www.mhlw.go.jp/topics/2005/04/tp0412-1b.html（2009 年 7 月 31 日現在）
中田洋二郎（1995）「親の障害の認識と受容に関する考察 —— 受容の段階説と慢性的悲哀」

早稲田心理学年報, 27, 83-92.
杉山登志郎 (2007)『発達障害の子どもたち』講談社現代新書.
田中康雄 (2006)「発達障害の医学的概論 (1) 軽くとも生き難い子ら」『臨床心理学』6 (2), 257-263.

## 第4章

相田信男 (1989)「看護関係の心理」『からだの科学増刊 10　新・医療心理学読本』日本評論社.
古井由美子 (2007)「病理水準をどう見立てるか?」『現代のエスプリ 別冊　臨床心理査定研究セミナー』至文堂.
広瀬寛子 (1994)『看護カウンセリング』医学書院.
岩崎徹也他 (編) (1990)『治療構造論』岩崎学術出版社.
カーンバーグ, O. F./前田重治 (監訳) (1983)『対象関係論とその臨床』岩崎学術出版社.
西本香代子 (1998)「精神科看護学の役割と実際」『精神医学ハンドブック』創元社.
Rogers, C. R (1966) Client-centetred Therapy. In S. Aristi (Ed.), *American Handbook of Psychiatry*, vol.Ⅲ, New York: BasicBooks.［伊東博 (編訳) (1967)『クライエント中心療法の最近の発展』ロージャズ全集第 15 巻, 岩崎学術出版社］

## 第5章

松岡洋一・松岡素子 (2009)『自律訓練法 (改訂版)』日本評論社.
大宜見義夫 (2009)「私が試みる小児心身医療 —— サイン読み取り法の実際」『子どもの心とからだ (日本小児心身医学会雑誌)』第 18 巻第 1 号, pp.41-46.
菅佐和子 (編著) (2005)『思春期心理臨床のチェックポイント』創元社.
清水凡生 (編) (1999)『小児心身医学ガイドブック』北大路書房.

## 第6章

Anderson, B., Funnell, M. (2005) *The Art of Empowerment*. 2nd Ed. American Diabetes Association.［石井均 (監訳)/久保克彦他 (訳) (2008)『糖尿病エンパワーメント 第2版』医歯薬出版］
Funnell, M. (2001)「新しい患者教育 —— エンパワーメント法とは」第1回糖尿病‐心理と行動研究会.
久保克彦 (2000)「セルフケアができない糖尿病患者に対する心理的ケア」菅佐和子 (編)『看護に生かす臨床心理学』朱鷺書房.
久保克彦 (2002)「栄養カウンセリングのための基本的技術」石井均 (編)『栄養士のためのカウンセリング論』建帛社.
久保克彦 (2006)「糖尿病患者に対するエンパワーメント・カウンセリング」石井均・久保克彦 (編著)『実践　糖尿病の心理臨床』医歯薬出版.
Prochaska, J. O. & DiClemente, C. C. (1983) Stages and processes of self-change in smoking:

Towards an integrative model of change. *Journal of Consulting and Clinical Psychology, 51*, 390-395.

## 第7章
永井知代子・岩田誠（1997）「失語」*Clinical Neuroscience*, No.7.
Noback, C. R., Strominger, N. L., Dimarest, R. J.（1991）*The human nervous system.* p.408, Pennsylvania: Lea & Febiger.

## 第8章
橋本洋子（2000）『NICUとこころのケア —— 家族のこころによりそって』メディカ出版.
池川明（2008）『ママ、さよなら。ありがとう —— 天使になった赤ちゃんからのメッセージ』リヨン社.
坂井律子（1999）『ルポルタージュ出生前診断 —— 生命誕生の現場に何が起きているのか？』日本放送出版協会.
佐藤孝道（1999）『出生前診断 —— いのちの品質管理への警鐘』有斐閣選書.
竹内正人（編著）（2004）『赤ちゃんの死を前にして —— 流産・死産・新生児死亡への関わり方とこころのケア』中央法規出版.
吉田敬子（2000）『母子と家族への援助 —— 妊娠と出産の精神医学』金剛出版.
吉田敬子（編）（2006）『育児支援のチームアプローチ —— 周産期精神医学の理論と実践』金剛出版.

## 第9章
カセム, N. H.（編著）／黒澤尚・保阪隆（監訳）（1999）『MGH総合病院精神医学マニュアル』メディカル・サイエンス・インターナショナル.
Dilley, J. W., Pies, C. & Helquist, M.（編）／矢永由里子（訳）（1994）『AHPエイズ・カウンセリング・ガイド —— ともに歩むすべての人々のために』HBJ出版局.
ハーマン, J. L.／中井久夫（訳）（1999）『心的外傷と回復』増補版, みすず書房.
野島一彦・矢永由里子（編）（2002）『HIVと心理臨床』ナカニシヤ出版.
Remien, R. H. & Rabkin, J. G.（2001）Psychological aspects of living with HIV disease. *The Western Journal of Medicine, 175*（5）, 332-335.
白阪琢磨主任研究者（2006）『HIV診療における外来チーム医療マニュアル』独立行政法人国立病院機構大阪医療センターHIV／AIDS先端医療開発センター.
（HP（http://www.onh.go.jp/khac/index.html）のHIV診療のためのリソースより）
菅佐和子（編著）（2004）『医療現場に生かす臨床心理学』朱鷺書房.
Stern, T. A., Herman, J. B., & Slavin, P. L.（編）／兼子直・福西勇夫（監訳）（2002）『MGH「心の問題」診療ガイド』メディカル・サイエンス・インターナショナル.

## 第 10 章

石合純夫（2003）『高次脳機能障害学』医歯薬出版．
上田慶二他（編）（1995）『老年期痴呆診療マニュアル』日本医師会．
金子満雄（1985）「新しい早期痴呆診断法と同法を用いた地域集団の試み」『日本医事新報』No.3349．
笹沼澄子（1989）「痴呆と失語 ── 言語およびコミニケーション障害の特徴」『神経心理学』5 (2), 97-101.
綿森淑子（1990）「老年期痴呆とリハビリテーション ── コミニケーション能力の障害と痴呆」『総合リハビリテーション』18 (2), 107-112.

## 第 11 章

赤穂理絵・奥村茉莉子（編）（2008）『こころに寄り添う緩和ケア ── 病いと向きあう「いのち」の時間』新曜社．
柏木哲夫（1983）『生と死を支える ── ホスピス・ケアの実践』朝日新聞社（朝日選書，1987）．
岸本寛史（2004）『緩和のこころ ── 癌患者への心理的援助のために』誠信書房．
河野博臣・神代尚芳（編著）（1995）『サイコオンコロジー入門 ── がん患者のQOLを高めるために』日本評論社．
キューブラー・ロス, E.／川口正吉（訳）（1971）『死ぬ瞬間』読売新聞社．
リンデマン, E.（1984）「悲嘆 ── 症候と処置」R. フルトン（編著）／斎藤武・若林一美（訳）『デス・エデュケーション ── 死生観への挑戦』現代出版．
三木浩司（監修）（2002）『緩和ケアにおける心理士の役割』死をみるこころ生を聴くこころⅠ, 木星舎．
三木浩司（監修）（2006）『緩和ケアの場にいきる心理的援助と技法』死をみるこころ生を聴くこころⅡ, 木星舎．
ウォーデン, J. W.／鳴澤實（監訳）（1993）『グリーフカウンセリング ── 悲しみを癒すためのハンドブック』川島書店．
淀川キリスト教病院ホスピス（編）（2001）『緩和ケアマニュアル第4版』最新医学社．

## 第 12 章

団士郎（2008）『家族力×相談力』文春新書．
いのうえせつこ（1999）『高齢者虐待』新評論．
いのうえせつこ（2000）『子ども虐待』新評論．
河合隼雄（1980）『家族関係を考える』講談社現代新書．
中井久夫（1991）「個人とその家族」中井久夫著作集 6, 岩崎学術出版社．
大日向雅美（1999）『子育てと出会うとき』NHKブックス．
棚瀬一代（2001）『虐待と離婚の心的外傷』朱鷺書房．

## 第 13 章

ジベルマン, M./日本ソーシャルワーカー協会国際委員会（訳）/仲村優一（監訳）(1999)『ソーシャルワーカーの役割と機能 —— アメリカのソーシャルワーカーの現状』相川書房.

Kellogg, M. (2006) *Counseling tips for nutrition therapists. Practice workbook*, Vol.1, Kg Press.

パールマン, H. P./松本武子（訳）(1966)『ソーシャル・ケースワーク —— 問題解決の過程』全国社会福祉協議会.

ソーシャルケアサービス従事者研究協議会（編）(2007)『日本のソーシャルワーク研究・教育・実践の60年』相川書房.

瀧本孝雄 (2006)『カウンセリングへの招待』サイエンス社.

ターナー, F.（編）/米本秀仁（監訳）(1999)『ソーシャルワーク・トリートメント —— 相互連結理論アプローチ』上・下, 中央法規出版.

上野千鶴子他（編）(2008)『ケアすること』ケアその思想と実践2, 岩波書店.

## 第 14 章

伊吹山太郎（監修）秋田宗平・島久洋・杉田千鶴子（編）(1989)『心理学へのいざない —— わたしとあなたの世界を理解するために』ナカニシヤ出版.

小牧純爾 (2000)『心理学実験の理論と計画』ナカニシヤ出版.

下山晴彦・能智正博（編）(2008)『心理学の実践的研究法を学ぶ（臨床心理学研究法第1巻）』新曜社.

髙野陽太郎・岡隆（編）(2004)『心理学研究法 —— 心を見つめる科学のまなざし』有斐閣.

梅本堯夫・大山正（編著）(1994)『心理学史への招待 —— 現代心理学の背景（新心理学ライブラリ15）』サイエンス社.

## 第 15 章

森敏昭・吉田寿夫（編著）(1990)『心理学のためのデータ解析テクニカルブック』北大路書房.

中村知靖・松井仁・前田忠彦 (2006)『心理統計法への招待 —— 統計をやさしく学び身近にするために（新心理学ライブラリ14）』サイエンス社.

ソルソ, R. L.・ジョンソン, H. H./浅井邦二（監訳）(1999)『[改訂] 心理学実験計画入門』学芸社.

田中敏・山際勇一郎 (1992)『[新訂] ユーザのための教育・心理統計と実験計画法 —— 方法の理解から論文の書き方まで』教育出版.

山内光哉 (1998)『心理・教育のための統計法〈第2版〉』サイエンス社.

# 人名索引

◆あ 行
アイゼンク, H. J. 21
アドラー, A. 19
アンダーソン, B. 77
ウィニコット, D. W. 18

◆か 行
河合隼雄 19
カーンバーグ, O. F. 42
キューブラー・ロス, E. 126
クライン, M. 18
グロフ, S. 16
コフート, H. 18

◆さ 行
サリヴァン, H. 18
ジェンドリン, E. T. 15
スティーヴンス, S. S. 174
スピッツ, R. 18
ソンダース, C. 123

◆は 行
ハーマン, J. L. 109
バリント, M. 18

ハルトマン, H. 18
パールマン, H. P. 150
バーン, E. 21
ファネル, M. 74, 77
フロイト, A. 18
フロイト, S. 17-19
フロム, E. 18
フロム＝ライヒマン, F. 18
ベック, A. T. 22
ボウルビィ, J. M. 18
ホーナイ, K. 18

◆ま 行
マズロー, A. H. 14, 16
マーラー, M. S. 18
ミンデル, A. 16

◆や 行
ユング, C. G. 19

◆ら 行
ラカン, J. 18
リンデマン, E. 129
ロジャーズ, C. 14, 15, 39

# 事項索引

◆あ 行
赤ちゃん：
　――の死　95
　――の障害　94
　――の入院　93
アサーティヴ・トレーニング　22
アスペルガー症候群　27, 28
アドヒアランス　71
アルツハイマー型認知症　112, 113
RDD法　166
逸話記録法　164
EPPS検査　171
医療モデル　25, 68
因子分析　178
内田・クレペリン検査　172
うつ　22, 27, 91, 92, 111
運動障害性構音障害　80
HIV　99
　――感染の告知　103, 106
エクスポージャー　22
SCT　→文章完成法
エピソード記憶　121
F検定　180, 181
F分布　180
MMPI　→ミネソタ多面人格目録
MPI　→モーズレイ性格検査
援助者側の価値観・感　102
エンパワーメント　73
　――・アプローチ　71, 74
横断的研究　163
応用分析行動モデル　22
オペラント条件づけ　22

◆か 行
絵画（主題）統覚検査（TAT）　173
絵画フラストレーション・テスト（P-Fスタディ）　173

回帰　176
介護　134
$\chi^2$検定　180, 181
$\chi^2$分布　180
カウンセラー　14, 108, 111
　ナース――　50
カウンセリング　13-15, 30-32, 44, 55, 57, 64, 145
　――の基本理念　14
　――の三原則　14
カウンセリングマインド　14, 68, 77
学習障害（LD）　28, 29
学習理論　20
学術的知識　159
過食症　46, 47
仮説検証的研究　163
家族　129, 133
家族療法　21
過敏性腸症候群　57, 58, 63
加齢　113
がん　123
　――対策基本法　123
間隔尺度　174
環境調整　62
関係性　10
看護師　53, 69
　――の役割分担　40
観察法　164
感情的問題　67
感情労働　1
完全無作為抽出　161
観念失行　83
記述的データ　161
基準関連妥当性　169
帰無仮説　179
虐待　144
客観性　160

190

客観的事実　5
逆行性健忘　121
キャッテル固執性検査　172
QOL　104
強化　22
境界型人格障害　47
共感　2, 9, 10, 138
　　——的理解　14, 32, 143
　　——を示す応答　3, 6
強迫症状　91, 92
拒食症　50
緊急避難　144
筋弛緩訓練　22
クラスタ分析　178
グリーフケア　130
クロンバックのα係数　168
ケアマネジメント　154
経験的知識　159
傾聴　14, 77, 128
系統的観察　164
系統的脱感作法　22
軽度発達障害　28, 29
研究仮説　162
言語野　79
幻聴　44
検定　178
ケンドールの順位相関係数　177
健忘　111
権力への意志　19
口腔顔面失行　82
高次脳機能障害　79
構成概念的妥当性　169
構成失行　83
構造化面接　165
肯定的な体験　31
行動化　46, 107
行動描写法　165
行動療法　14, 15, 21
広汎性発達障害（PDD）　27, 29
交流分析　21
こころの危機　139
こころの基地　139
こころの状況　10

こころの容量　10
個人心理学　19
子どもの安全　144
コミュニケーション・スキル　101
コンプライアンス　69, 105

◆さ　行
再検査信頼性　172
再検査法　168
サイコエデュケーション（心理教育）　21
サイコセラピー　13, 146
作業曲線　172
作業検査法　172
作業療法士　41
参加観察法　165
産後の心理　91
死　126
自我　17
　　——境界　42
　　——心理学　18
　　——防衛機制　18, 67
時間標本法　164
自己：
　　——一致　14
　　——管理　67
　　——効力感　22
　　——実現　14
　　——心理学　18
事実　5
思春期　62
事象標本法　164
実感　4
実験仮説　162
実験心理学　20
実験法　164, 166
失語症　79
失語の分類　81
実証性　160
失声症　80
実践的知識　160
質的研究　161, 173
質的データ　161
質問紙法　171

指導　10
自動思考　22, 23
児童・思春期心身症　53
四分相関係数　178
自閉症　27
　　——スペクトラム　28, 29
社会学習理論　22
社会通念　4
社会的資源　138
尺度水準　174
社交不安障害　27
重回帰分析　178
縦断的研究　164
自由連想法　19
主観　5
主成分分析　178
主訴　59
主張訓練　22
出産　89, 91
順序尺度　175
障害受容　36
障害特有の認知傾向　32
常識　4
情報提供　10
剰余変数　166
初回面接　55, 60
職業適性診断　172
助言　10
助産師　89
序数尺度　175
自律訓練法　57
事例研究　162
人格障害　27, 39, 46
　　——水準　42
人格目録法　171
神経症　49
　　——水準　42
神経心理学　79
新行動 S-R 理論　22
心身症　58
深層心理学　17
信頼性　167
心理教育　23

心理検査　165
心理社会的要因　59
心理測定　171
心理的事実　5
心理療法　13, 146
推測統計学　178
推定　178
数量化Ⅰ類　178
数量化Ⅱ類　178
数量化Ⅲ類　178
数量的データ　161
スキーマ　22
ストレス　34
頭脳労働　1
スーパーバイザー　165
スーパービジョン　11, 20
スピアマンの順位相関係数　177
スピリチュアリティ　16
スピリチュアル・ペイン　127
性格検査　171
生活モデル　25
生起確率　179
正規分布　180, 181
正準相関分析　178
精神性　16
精神病水準　42
精神物理学　161
精神分析　14, 15, 17
　　——的カウンセリング　20
　　——療法　17
精神保健福祉士　41
生態学的な妥当性　167
成長モデル　70
セクシュアリティ　100
摂食障害　49
説得　10
折半法　168
セルフケア　67
セルフコントロール　22
セルフモニタリング　22
潜在構造分析　178
全人的苦痛　123
全人的ケア　123

相関　176
　　——係数　177
相互主観性　160
早産　89, 93
層別多段抽出　162
層別抽出　162
測定誤差　167
組織的観察　164
ソーシャルワーカー　152

◆た　行
第1種の過誤　180
体験過程理論　15
対象関係論　18
対人関係論　18
第2種の過誤　180
対面法　166
対立仮説　179
ダウニー意志気質検査　172
多次元尺度法　178
多段抽出　161
妥当性　167, 168
多変量解析　178
ターミナルケア　123
段階説　36
探索的研究　163
チェックリスト法　164
チーム医療　39, 40
注意欠陥多動性障害（ADHD）　28, 29
調査的面接　165
調査法　165
直接確率法　181
治療の信頼関係　23
TAT　→絵画（主題）統覚検査
$t$検定　180, 181
定性的データ　176
$t$分布　180
定量的データ　176
投映（影）法　173
同感　2
統計的仮説検定　178, 180
統計的研究　161
統合失調症　27, 45

同情　4
糖尿病　67
トランスパーソナル・セラピー　16

◆な　行
内的整合性　168
内容的妥当性　168
ナースカウンセラー　50
ナラティブ・セラピー　21
肉体労働　1
人間主義的心理学　14
妊娠　89
認知行動療法　22
認知症　8, 111
　　脳血管性——　113
脳の機能障害　27

◆は　行
配布法　166
バウムテスト　116, 173
箱庭療法　19
発達障害　25, 27, 59
　　——者支援法　27
発達性協調運動障害　29
パニック障害　27
母親：
　　——の心理　90
　　——役割への適応　91
　　ほどよく成熟した——　144
場面標本法　164
半構造化面接　165
判別分析　178
ピアソンの偏差積率相関係数　177
P-Fスタディ　→絵画フラストレーション・テスト
非構造化面接　165
比尺度　→比例尺度
否定的な自己感情　4
評定尺度法　164
標本　161
　　——抽出法　161
　　——調査　161
開かれた質問　101

193

比例尺度（比率尺度） 174
φ係数 178
不安 22
不安階層表 22
フィードバック（伝え返し） 3, 10
フェルトセンス 15
フォーカシング 15
福祉領域で行うカウンセリング 147
服薬アドヒアランス 104-106
物質乱用 106
不登校 58
負の相関 176
普遍的（集合的）無意識 19
不眠 91, 92
ブリーフ・セラピー 21
ブローカ失語 81
プロセス・ワーク 16
分散分析法 181
文章完成法（SCT） 173
分析心理学 19
　　──的カウンセリング 20
平行検査法 168
併存的妥当性 169
母集団 161
ホロトロピック・ブレスワーク 16

◆ま 行────────────
慢性疾患 67
ミネソタ多面人格目録 171
無意識 5, 15, 17, 173
　　──の積極的関心 14
名義尺度 175
メラニー・クラインとアンナ・フロイトの論争 18
面接 61, 108
　　──法 165

妄想 44
モーズレイ性格検査 171
問題解決アプローチ 150

◆や 行────────────
薬物治療 57
矢田部・ギルフォード性格検査 171, 172
遊戯療法 18
郵送法 166
夢 18
　　──分析 19
ユールの連関係数 178
予期悲嘆 129
抑圧 18
予測的妥当性 169
欲求の階層説 16

◆ら 行────────────
来談者中心療法 15, 20, 39
ラカン派 18
螺旋形モデル 36
ラポール 23
リエゾン・コンサルテーション 107
リスニング 14
量的研究 161
量的データ 161
臨床心理士 41, 108
臨床的面接 165
霊性 16
老年期 111
ロールシャッハ法 173
論理性 160

◆わ 行────────────
Y-G性格検査　→ 矢田部・ギルフォード性格検査

## 編者・執筆者紹介

**編者**

**菅佐和子**（すが　さわこ）【1 章、2 章、12 章】
京都大学大学院医学研究科人間健康科学系専攻看護科学コース教授。京都大学大学院教育学研究科博士課程単位取得満期退学。臨床心理士、教育学博士。専門領域は、女性のライフサイクル、思春期カウンセリング、看護カウンセリング、職場のメンタルヘルスなど。

**執筆者**

**宮本　淳**（みやもと　あつし）【3 章】
愛知医科大学医学部心理学研究室准教授。名古屋大学大学院心理学研究科博士課程単位取得満期退学。専門領域は、広汎性発達障害、箱庭療法など。

**古井由美子**（ふるい　ゆみこ）【4 章】
愛知医科大学病院臨床心理相談室主査。名古屋大学大学院教育学研究科博士課程前期課程修了。臨床心理士、教育学修士、認定医療心理士。専門領域は、医療現場のカウンセリング、臨床心理査定など。

**与那城郁子**（よなしろ　いくこ）【5 章】
沖縄県発達障害者支援センター相談支援員。琉球大学大学院教育学研究科修士課程修了。教育学修士。臨床心理士。専門領域は、児童・思春期カウンセリング、不登校など。

**久保克彦**（くぼ　かつひこ）【6 章】
京都学園大学人間文化学部心理学科教授。同志社大学大学院文学研究科心理学専攻博士課程単位取得満期退学。臨床心理士。専門領域は、臨床心理学、医療心理学、糖尿病患者への心理的援助、高齢者への健康教育など。

**三田村啓子**（みたむら　けいこ）【7 章、10 章】
京都医健専門学校副校長。耳鼻咽喉科たかきたクリニック臨床心理士・言語聴覚士・ケアマネージャー。京都大学農学部農学科卒業。専門領域は、神経心理学（高次脳機能障害）、言語聴覚障害学、発達心理のセラピーなど。

**野田麻理**（のだ　まり）【8 章】
厚生連安城更生病院臨床心理士。名古屋大学大学院教育学研究科教育心理学専攻博士課程前期課程修了。臨床心理士。専門領域は、総合病院における心理臨床、小児・思春期の心理療法、周産期のカウンセリングなど。

**仲倉高広**（なかくら　たかひろ）【9章、共著】
独立行政法人国立病院機構大阪医療センター臨床心理室臨床心理士。甲南大学大学院人文科学研究科応用社会学専攻修士課程修了。専門領域は、医療における心理療法、心理検査、HIV感染症やセクシュアルマイノリティの方のカウンセリング。

**宮本哲雄**（みやもと　てつお）【9章、共著】
独立行政法人国立病院機構大阪医療センター臨床心理室、財団法人エイズ予防財団リサーチ・レジデント。追手門学院大学大学院文学研究科心理学専攻臨床心理学コース修了。臨床心理士。専門領域は、医療における心理療法、心理検査。

**小池委子**（こいけ　ともこ）【11章】
厚生連安城更生病院臨床心理士。名古屋大学大学院教育学研究科発達臨床学専攻博士前期課程修了。臨床心理士。

**中町芙佐子**（なかまち　ふさこ）【13章】
東京家政学院大学人文学部人間福祉学科教授。学生相談センター長。コロンビア大学スクール・オブ・ソーシャルワーク修士課程修了。カレン・ホーナイアメリカ精神分析研究所精神力動精神療法2年プログラム修了。臨床心理士、Certified Social Worker（State of New York）。専門領域は、学生カウンセリング、職場のメンタルヘルス、福祉サービス利用者のQOL支援など。

**菅　千索**（すが　せんさく）【14章、15章】
和歌山大学教育学部教授。京都大学大学院教育学研究科博士後期課程単位取得満期退学。教育学修士。専門領域は、心理学測定・統計法、教育心理学、教育評価、心理学史、音楽心理学。

看護・介護・保育の心理学 第2巻
心理臨床的支援の方法
カウンセリングのすすめ

初版第1刷発行　2010年4月5日
初版第3刷発行　2017年3月15日

編　者　菅佐和子
シリーズ監修　岡堂哲雄
発行者　塩浦　暲
発行所　株式会社 新曜社
　　　　〒101-0051　東京都千代田区神田神保町3-9
　　　　電話 (03)3264-4973(代)・Fax (03)3239-2958
　　　　URL http://www.shin-yo-sha.co.jp/
印刷・製本　株式会社 栄　光

©Sawako Suga, editor, 2010　Printed in Japan
ISBN978-4-7885-1197-2　C1011

―――― 新曜社の関連書 ――――

|  |  |  |
|---|---|---|
| **職場のメンタルヘルス相談室**<br>心のケアをささえる実践的Q&A | 菅佐和子ほか | A5判224頁<br>本体2200円 |
| **つながりあう「いのち」の心理臨床**<br>患者と家族の理解とケアのために | 木村登紀子 | A5判292頁<br>本体3500円 |
| **医療における心理行動科学的アプローチ**<br>糖尿病・ホルモン疾患の患者と家族のために | 中井吉英監修<br>内分泌糖尿病心理行動研究会編 | A5判280頁<br>本体2800円 |
| **脳卒中サバイバル**<br>精神科医と妻の闘病日誌 | 東山あかね | 四六判200頁<br>本体1800円 |
| **カウンセラーのための法律相談**<br>心理援助をささえる実践的Q&A | 出口治男監修<br>〈心理臨床と法〉研究会編 | A5判208頁<br>本体2200円 |
| **摂食障害というこころ**<br>創られた悲劇／築かれた閉塞 | 松木邦裕 | 四六判248頁<br>本体2400円 |
| **彼女がイジワルなのはなぜ？**<br>女どうしのトラブルを心理学で分析 | 菅佐和子編 | 四六判272頁<br>本体1800円 |
| 看護・介護のための<br>**心をかよわせる技術**<br>「出会い」から緩和ケアまで | 小林司／桜井俊子 | 四六判292頁<br>本体2200円 |
| **こころに寄り添う緩和ケア**<br>病いと向きあう「いのち」の時間 | 赤穂理絵／奥村茉莉子編 | A5判240頁<br>本体2600円 |
| **医療のなかの心理臨床**<br>こころのケアとチーム医療 | 成田善弘監修<br>矢永由里子編 | A5判304頁<br>本体3800円 |
| やまだようこ著作集 第8巻<br>**喪失の語り**<br>生成のライフストーリー | やまだようこ | A5判336頁<br>本体4300円 |
| **生によりそう「対話」**<br>医療・介護現場のエスノグラフィーから | 土屋由美 | 四六判226頁<br>本体2200円 |
| **家族というストレス**<br>家族心理士のすすめ | 岡堂哲雄 | 四六判248頁<br>本体1900円 |
| **自閉症**<br>「からだ」と「せかい」をつなぐ新しい理解と療育 | 藤居学（そらパパ）・神谷栄治 | 四六判240頁<br>本体1900円 |
| **覚醒する心体**<br>こころの自然／からだの自然 | 濱野清志 | 四六判208頁<br>本体2400円 |

（表示価格はすべて税別です。）